高等学校规划教材

管理信息系统实践教程

主　编◎杜治国

副主编◎邱长生　胡大辉　熊海灵

西南师范大学出版社
国家一级出版社　全国百佳图书出版单位

图书在版编目(CIP)数据

管理信息系统实践教程 / 杜治国主编. -- 重庆：西南师范大学出版社, 2019.8
ISBN 978-7-5621-9896-3

Ⅰ. ①管… Ⅱ. ①杜… Ⅲ. ①管理信息系统－高等学校－教材 Ⅳ. ①C931.6

中国版本图书馆CIP数据核字(2019)第171546号

管理信息系统实践教程

GUANLI XINXI XITONG SHIJIAN JIAOCHENG

主　编　杜治国

责任编辑：廖小兰　李　俊
责任校对：陈才华
封面设计：猪八戒·魏显锋　熊艳红
照　　排：重庆大雅数码印刷有限公司·贝岚
出版发行：西南师范大学出版社
　　地址：重庆市北碚区天生路2号
　　邮编：400715
　　市场营销部电话：023-68868624
　　网址：www.xscbs.com
经　　销：新华书店
印　　刷：重庆市国丰印务有限责任公司
幅面尺寸：185mm×260mm
印　　张：11.75
字　　数：300千字
版　　次：2019年9月 第1版
印　　次：2019年9月 第1次印刷
书　　号：ISBN 978-7-5621-9896-3

定　价：32.00元

前　言

“管理信息系统”是一门综合性较强的课程,特别强调理论与实践相结合,实践是课程的重要环节,是本门课程教学不可缺少的一环。实践课程和理论课程不同,理论课程主要强调相关理论的原理与应用,实践课程则强调学生的实际动手能力。本书是“管理信息系统”课程的配套实践教程,编写这本书是为了满足高校信息管理与信息系统、工商管理、市场营销、经济信息管理、电子商务等专业学生的需要。本书既可以作为高等院校管理信息系统课程的实践指导教材,也可作为企业管理信息系统开发培训的参考资料。

本书分为四个部分,系统地阐述了管理信息系统的应用、简单开发和系统建设与实施的过程,最后通过案例分析了管理信息系统的应用效果。第一部分是常用信息系统软件的使用,首先介绍金蝶KIS 12.3专业版的基本功能、账套的建立与基础数据设置、系统参数设置和用户管理相关操作,接着介绍常用证券软件的安装、行情的查看、相关公式指标的原理及利用公式指标进行股票信息的选择;第二部分讲解Office中数据库软件Access 2016在管理信息系统中的应用,分三个方面讲解,一是Access 2016的基本操作,二是VBA基本语法及其应用,三是利用VBA进行信息管理系统设计的实例;第三部分叙述管理信息系统开发的具体过程,主要包括系统分析、系统设计和系统实施及运行管理等方面的内容;第四部分以管理信息系统在企业中的实际开发与应用为案例,分析管理信息系统对当代企业的影响。

本书的第一部分,即第一章和第二章,由邱长生编写;第二部分,即第三章、第四章和第五章,由胡大辉编写;第三部分,即第六章、第七章和第八章,由杜治国编写;第四部分,即第九章,由熊海灵编写。全书由杜治国统稿与审校。

本书获得西南大学“十三五”第二批校级规划教材经费资助。西南师范大学出版社对本书的出版发行给予了极大的帮助，是编辑们辛勤的工作才使本教材与读者见面，借此机会表示由衷的感谢。本书在写作过程中查阅和参考了大量的文献资料与网络资源，但未能在书后的参考文献中全部列出，在此一并致谢。

由于编者水平有限，加上信息技术的快速发展，书中存在不足之处在所难免，欢迎读者批评指正。

编者

2019年3月

目　　录

第一章　金蝶KIS软件的应用

财务管理备受个人、家庭、企业等主体的重视，同时财务管理也是一项非常繁杂且相对乏味的重要工作。随着信息技术的快速发展，财务管理软件的广泛应用大幅度降低了其使用成本，提升了企业管理工作的效率。金蝶KIS财务软件在企业中得到广泛使用，本章以金蝶KIS 12.3专业版为基础，介绍其基本功能模块的使用。

1.1　软件概述

金蝶KIS软件是金蝶集团面向企业日常经营管理及信息化研发的一系列软件的总称。金蝶KIS专业版有采购管理、销售管理、仓存管理、生产管理、委外管理、应收应付、存货核算、财务处理、固定资产、工资管理、报表与分析、出纳管理等14个功能处理模块。在财务管理中各项业务齐全，功能全面。金蝶KIS专业版的设计是以"让生产企业管理更简单"为理念，其功能覆盖了中小型企业管理的采购、销售、生产、仓储、财务管理等五个关键环节，用报表为企业管理者提供实时查询和决策依据，将财务、业务进行一体化管理。

1.1.1　软件的启动与退出

(1)金蝶KIS 12.3软件的启动

首先单击Windows操作系统"开始"按钮，然后在"开始"菜单中选择"金蝶KIS 12.3"应用程序，即可启动金蝶KIS 12.3应用程序，进入金蝶KIS 12.3启动界面，如图1-1所示。金蝶KIS 12.3教学演示默认的用户名为manager，密码为空，单击"确定"按钮即可登录，进入软件使用界面，如图1-2所示。

图1-1　金蝶KIS启动界面

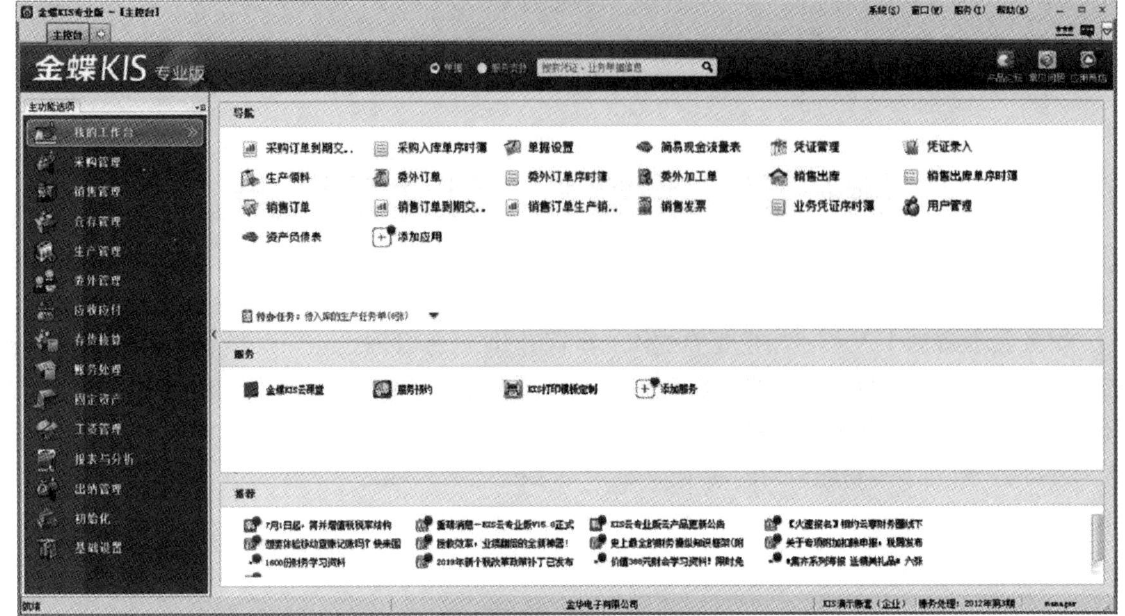

图1-2　登录后的界面

(2)金蝶KIS 12.3软件的退出

登录系统处理完各项业务并保存之后,就可退出软件,通常退出软件的方法有以下几种:

①单击软件使用界面右上角的“×”,即“关闭”按钮;

②单击软件使用界面上的“系统”菜单,在弹出的子菜单中选择“退出系统”命令选项;

③使用快捷组合命令“Alt+X”,在弹出的子菜单中选择“退出系统”命令选项。

1.1.2　建立账套与基础设置

(1)建立账套

账套是存放会计核算对象的所有会计业务数据文件的总称,账套中包含的文件有会计科目、记账凭证、会计账簿、会计报表等。核算对象可以是企业的一个分部,也可以是整个企业集团。在金蝶KIS 12.3专业版中新建账套的操作步骤为:启动金蝶KIS应用程序,在启动界面窗口中单击“新建账套”命令按钮,系统会弹出一个以“Admin”为用户名的界面窗口,其密码默认为空,如图1-3所示。单击“确定”按钮,进入标题栏为新建账套的引导界面,如图1-4所示。本界面中,带“*”号的文本框是必填项,账套号由系统自动生成,账套名称和公司名称由用户根据实际情况进行填写。数据库路径可随意设置,但是建议不存放在操作系统安装所在磁盘。同理,数据库备份位置也建议不与操作系统安装所在盘符相同,方便后续管理。

金蝶KIS专业版_系统登录
金蝶KIS 专业版
用户名(U):
manager
密 码(P):
登录到(L):
DESKTOP-LAOOP8E\KIS演示账套
新建账套
账套管理
确定
取消
登录
金蝶KIS 账套管理登录
用 户 名:
Admin
密 码:
确定
取消

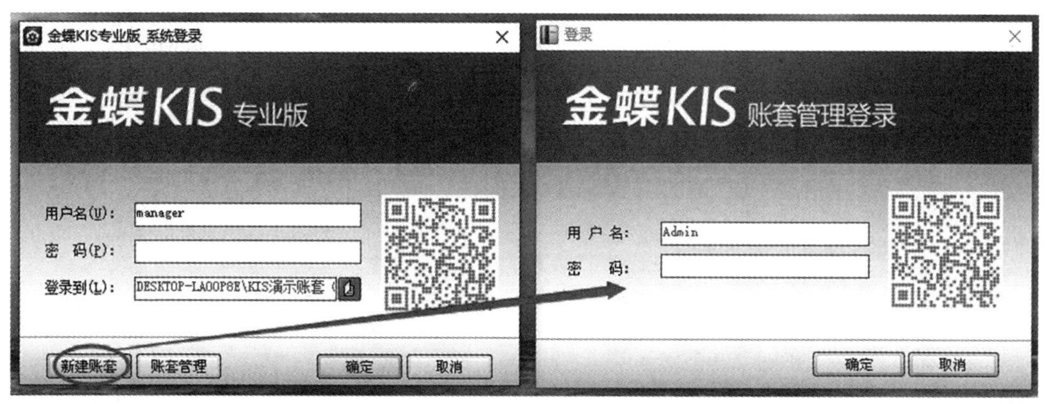

图1-3 新建账套

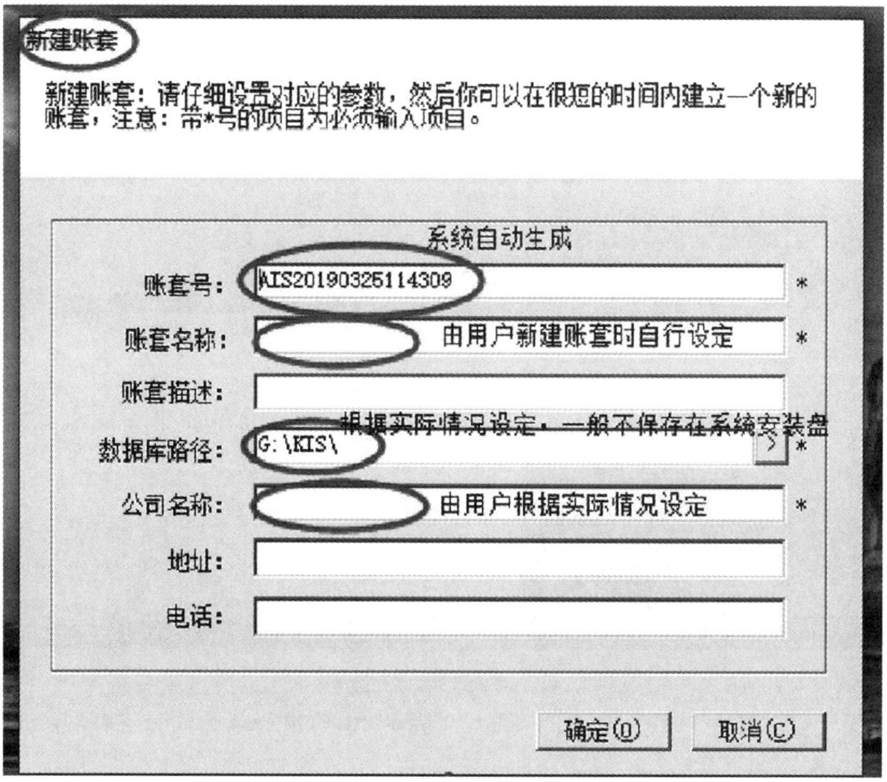

新建账套
新建账套：请仔细设置对应的参数，然后你可以在很短的时间内建立一个新的账套，注意：带*号的项目为必须输入项目。
系统自动生成
账套号:
AIS20190325114309
账套名称:
由用户新建账套时自行设定
账套描述:
根据实际情况设定，一般不保存在系统安装盘
数据库路径:
G:\KIS\
公司名称:
由用户根据实际情况设定
地址:
电话:
确定(O)
取消(C)

图1-4 新建账套

假设中国智能电子有限公司于2018年12月购买了金蝶KIS专业版财务软件，安装软件时计划把数据库路径保存在G盘的KIS文件中。我们可以在新建账套界面输入上述信息，然后单击“确定”按钮，系统会自动进行新建账套操作，并显示“新建账套成功”提示窗口，如图1-5所示，再次单击“确定”按钮，完成账套的建立。

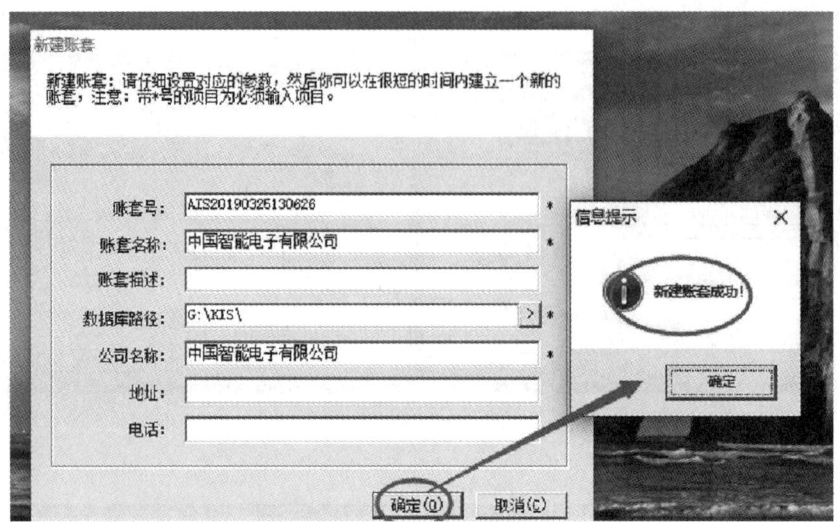

图1-5　新建账套成功

启动金蝶KIS 12.3专业版，在启动界面中单击“账套管理”按钮，可查看已经建立的账套，上面以“中国智能电子有限公司”为名称建立的账套就显示在里面，如图1-6所示。

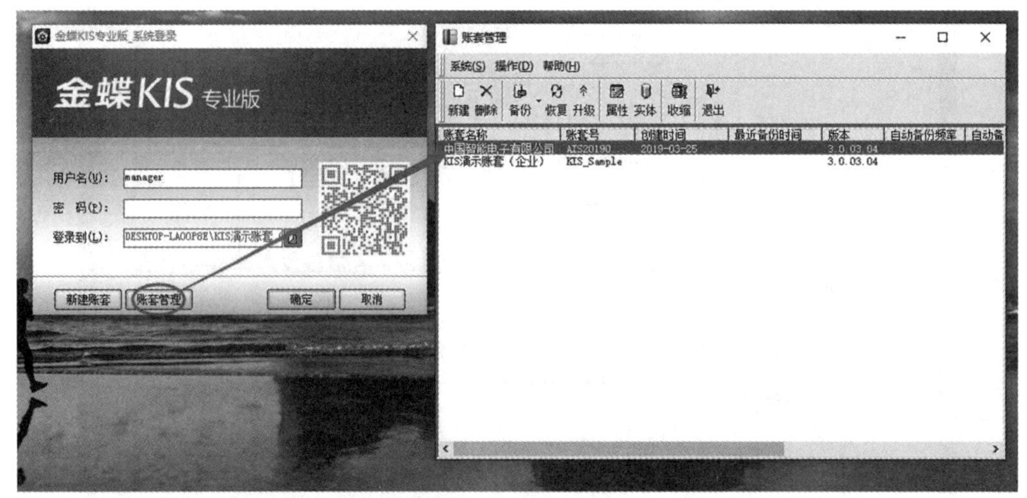

图1-6　查看新建账套

在账套管理窗口界面中可为系统管理员设置密码，也可进行新建账套、删除账套、备份账套、恢复账套、升级账套等操作。

(2)基础设置

完成账套的建立且账套能进行正常启用后，第二步重要的操作就是根据实际情况进行基础设置。基础设置的具体操作为：首先，启动金蝶KIS应用程序，打开刚建立的“中国智能电子有限公司”账套，如图1-7所示。然后，单击“确定”按钮即可看到新建账套的基本界面，在新账套界面的左下方可找到“基础设置”快捷功能按钮，如图1-8所示。

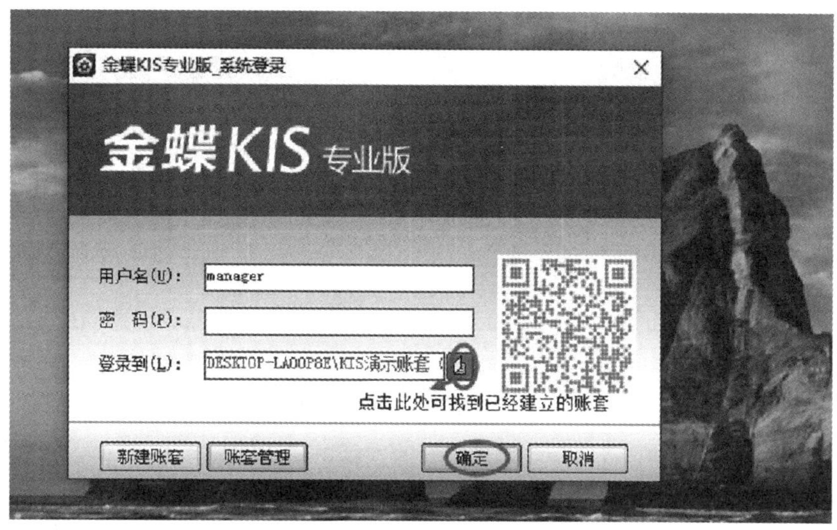

图1-7　打开新建账套

图1-8　打开新建账套后的界面

接着,单击“基础设置”快捷功能按钮即可在其右侧显示公共资料、业务资料和财务资料三个子功能模块,公共资料模块可根据实际情况设置币别、系统参数、计量单位、用户管理、辅助资料、核算项目、结算方式等10个子项;业务资料模块可根据实际情况设置采购价格资料、销售价格资料、收支类别、单据设置、条形码设置等9个子项;财务资料模块可根据实际情况设置会计科目和凭证字两个子项,如图1-9所示。

图1-9　基础设置中的子功能

最后，根据公司的基本资料对该公司的公共资料、业务资料和财务资料三个模块中的各个子项进行设置并启用这些模块。

1.1.3　基础设置实例

下列基础资料主要用来完成基础设置中的数据输入。

（1）系统参数

基础设置中系统相关参数如表1-1所示。

表1-1　系统参数表

编号	名称	内容
1	记账本位币	人民币
2	金额保留的小数位	2
3	会计期间	自然月2019年
4	启用期间	2019年1月
5	是否启用往来业务核算	启用
6	往来业务是否使用编号	启用
7	录入凭证时必须指定现金流量项目	不启用
8	录入凭证时必须指定现金流量附表项目	不启用
9	不允许修改/删除业务系统凭证	不启用
10	允许从总账引入日记账	启用
11	允许负库存出库	允许
12	允许负库存结账	不允许
13	存货核算方式	分仓核算
14	库存更新控制	单据审核后更新
15	暂估差额生成方式	单到冲回

（2）币别表

基础设置中货币相关参数如表1-2所示。

表1-2　币别表

代码	名称	汇率	小数位	是否固定汇率
RMB	人民币	1	2	否
USD	美元	6.8755	4	否
HKD	港币	0.8777	4	否

（3）会计科目

基础设置中会计科目相关参数如表1-3所示，表1-3是2018年颁布的最新科目信息。

表1-3　会计科目表

科目代码	科目名称	类别	方向	外币核算	期末调汇	辅助核算
一、资产类						
1001	库存现金	现金	借	所有币种	是	
1002	银行存款	银行存款	借	所有币种	是	
1012	其他货币资金	流动资产	借	所有币种	是	
101201	外埠存款	流动资产	借	所有币种	是	
101202	银行本票存款	流动资产	借	所有币种	是	
101203	银行汇票存款	流动资产	借	所有币种	是	
101204	信用卡存款	流动资产	借	所有币种	是	
101205	信用保证金存款	流动资产	借	所有币种	是	
101206	存出投资款	流动资产	借	所有币种	是	
1101	交易性金融资产	流动资产	借	所有币种	是	
110101	本金	流动资产	借	所有币种	是	
11010101	股票	流动资产	借	所有币种	是	
11010102	债券	流动资产	借	所有币种	是	
11010103	基金	流动资产	借	所有币种	是	
11010104	权证	流动资产	借	所有币种	是	
11010199	其他	流动资产	借	所有币种	是	
110102	公允价值变动	流动资产	借	所有币种	是	
11010201	股票	流动资产	借	所有币种	是	
11010202	债券	流动资产	借	所有币种	是	
11010203	基金	流动资产	借	所有币种	是	
11010204	权证	流动资产	借	所有币种	是	
11010299	其他	流动资产	借	所有币种	是	
1121	应收票据	流动资产	借	所有币种	是	

续表

科目代码	科目名称	类别	方向	外币核算	期末调汇	辅助核算
1122	应收账款	流动资产	借	所有币种	是	客户
1123	预付账款	流动资产	借	所有币种	是	供应商
1131	应收股利	流动资产	借	所有币种	是	
1132	应收利息	流动资产	借	所有币种	是	
1221	其他应收款	流动资产	借	所有币种	是	客户
1231	坏账准备	坏账准备	贷	不核算	否	
123101	应收账款坏账准备	坏账准备	贷	不核算	否	
123102	其他应收账款坏账准备	坏账准备	贷	不核算	否	
1321	受托代销商品	存货	借	不核算	否	
1401	材料采购	存货	借	不核算	否	
1402	在途物资	存货	借	不核算	否	
1403	原材料	存货	借	不核算	否	
1404	材料成本差异	存货	借	不核算	否	
1405	库存商品	存货	借	不核算	否	
1406	发出商品	存货	借	不核算	否	
1407	商品进销差价	存货	贷	不核算	否	
1408	委托加工物资	存货	借	不核算	否	
1411	周转材料	存货	借	不核算	否	
1471	存货跌价准备	存货	贷	不核算	否	
1501	持有至到期投资	非流动资产	借	所有币种	是	
150101	投资成本	非流动资产	借	所有币种	是	
150102	溢折价	非流动资产	借	所有币种	是	
150103	应计利息	非流动资产	借	所有币种	是	
1502	持有至到期投资减值准备	非流动资产	贷	不核算	否	
1503	可供出售金融资产	非流动资产	借	所有币种	是	
1511	长期股权投资	非流动资产	借	所有币种	是	
151101	投资成本	非流动资产	借	所有币种	是	
151102	损益调整	非流动资产	借	所有币种	是	
151103	所有者权益其他变动	非流动资产	借	所有币种	是	
1512	长期股权投资减值准备	非流动资产	贷	不核算	否	
1521	投资性房地产	非流动资产	借	所有币种	是	
152101	成本	非流动资产	借	所有币种	是	
152102	公允价值变动	非流动资产	借	所有币种	是	

续表

科目代码	科目名称	类别	方向	外币核算	期末调汇	辅助核算
1531	长期应收款	非流动资产	借	所有币种	是	
1532	未实现融资收益	非流动资产	借	所有币种	是	
1601	固定资产	固定资产	借	不核算	否	
1602	累计折旧	累计折旧	贷	不核算	否	
1603	固定资产减值准备	固定资产	贷	不核算	否	
1604	在建工程	固定资产	借	不核算	否	
160401	建筑工程	固定资产	借	不核算	否	
160402	安装工程	固定资产	借	不核算	否	
160403	在安装设备	固定资产	借	不核算	否	
160404	待摊支出	固定资产	借	不核算	否	
1605	工程物资	固定资产	借	不核算	否	
160501	专用材料	固定资产	借	不核算	否	
160502	专用设备	固定资产	借	不核算	否	
160503	预付大型设备款	固定资产	借	不核算	否	
160504	为生产准备的工具及器具	固定资产	借	不核算	否	
1606	固定资产清理	固定资产	借	不核算	否	
1701	无形资产	非流动资产	借	不核算	否	
1702	累计摊销	非流动资产	贷	不核算	否	
1703	无形资产减值准备	非流动资产	贷	不核算	否	
1711	商誉	非流动资产	借	不核算	否	
1801	长期待摊费用	非流动资产	借	不核算	否	
1811	递延所得税资产	非流动资产	借	不核算	否	
1901	待处理财产损益	非流动资产	借	不核算	否	
二、负债类						
2001	短期借款	流动负债	贷	所有币别	是	
2101	交易性金融负债	流动负债	贷	所有币别	是	
210101	本金	流动负债	贷	所有币别	是	
210102	公允价值变动	流动负债	贷	所有币别	是	
2201	应付票据	流动负债	贷	所有币别	是	
2202	应付账款	流动负债	贷	所有币别	是	
2203	预收账款	流动负债	贷	所有币别	是	
2211	应付职工薪酬	流动负债	贷	所有币别	是	
221101	工资	流动负债	贷	所有币别	是	

续表

科目代码	科目名称	类别	方向	外币核算	期末调汇	辅助核算
221102	职工福利	流动负债	贷	所有币别	是	
221103	社会保险费	流动负债	贷	所有币别	是	
221104	住房公积金	流动负债	贷	所有币别	是	
221105	工会经费	流动负债	贷	所有币别	是	
221106	职工教育经费	流动负债	贷	所有币别	是	
221107	解除职工劳动关系补偿	流动负债	贷	所有币别	是	
2221	应缴税费	流动负债	贷	不核算	否	
222101	应交增值税	流动负债	贷	不核算	否	
22210101	进项税额	流动负债	借	不核算	否	
22210102	已交税金	流动负债	借	不核算	否	
22210103	减免税款	流动负债	借	不核算	否	
22210104	出口抵减内销产品应纳税额	流动负债	借	不核算	否	
22210105	转出未交增值税	流动负债	借	不核算	否	
22210106	销项税额	流动负债	贷	不核算	否	
22210107	出口退税	流动负债	贷	不核算	否	
22210108	进项税额转出	流动负债	贷	不核算	否	
22210109	转出多交增值税	流动负债	贷	不核算	否	
222102	未交增值税	流动负债	贷	不核算	否	
222103	应交营业税	流动负债	贷	不核算	否	
222104	应交消费税	流动负债	贷	不核算	否	
222105	应交资源税	流动负债	贷	不核算	否	
222106	应交所得税	流动负债	贷	不核算	否	
222107	应交土地增值税	流动负债	贷	不核算	否	
222108	应交城市建设维护税	流动负债	贷	不核算	否	
222109	应交教育附加费	流动负债	贷	不核算	否	
222110	应交房产税	流动负债	贷	不核算	否	
222111	应交土地使用税	流动负债	贷	不核算	否	
222112	应交车船使用税	流动负债	贷	不核算	否	
222113	应交个人所得税	流动负债	贷	不核算	否	
222114	应交矿产资源补偿费	流动负债	贷	不核算	否	
2231	应付股利	流动负债	贷	所有币别	是	
2232	应付利息	流动负债	贷	所有币别	是	
2241	其他应付款	流动负债	贷	所有币别	是	供应商

续表

科目代码	科目名称	类别	方向	外币核算	期末调汇	辅助核算
2314	受托代销商品款	流动负债	贷	所有币别	是	
2401	递延收益	流动负债	贷	所有币别	是	
2501	长期借款	流动负债	贷	所有币别	是	
250101	本金	非流动负债	贷	所有币别	是	
250102	利息调整	非流动负债	贷	所有币别	是	
2502	应付债券	非流动负债	贷	所有币别	是	
250201	债券面值	非流动负债	贷	所有币别	是	
250202	利息调整	非流动负债	贷	所有币别	是	
250203	应计利息	非流动负债	贷	所有币别	是	
2701	长期应付款	非流动负债	贷	所有币别	是	
2702	未确认融资费用	非流动负债	贷	所有币别	是	
2711	专项应付款	非流动负债	贷	所有币别	是	
2801	预计负债	流动负债	贷	所有币别	是	
2901	递延所得税负债	非流动负债	贷	不核算	否	
三、共同类						
3101	衍生工具	共同	借	所有币别	是	
3201	套期工具	共同	借	所有币别	是	
3202	被套期项目	共同	借	所有币别	是	
四、所有者权益类						
4001	实收资本	资本	贷	不核算	否	
4002	资本公积	资本	贷	不核算	否	
400201	资本溢价	资本	贷	不核算	否	
400202	股本溢价	资本	贷	不核算	否	
400203	其他资本公积	资本	贷	不核算	否	
4101	盈余公积	资本	贷	不核算	否	
410101	法定盈余公积	资本	贷	不核算	否	
410102	任意盈余公积	资本	贷	不核算	否	
410103	法定公益金	资本	贷	不核算	否	
410104	储备基金	资本	贷	不核算	否	
410105	企业发展基金	资本	贷	不核算	否	
410106	利润归还投资	资本	贷	不核算	否	
4103	本年利润	累计盈余	贷	不核算	否	
4104	利润分配	累计盈余	贷	不核算	否	

续表

科目代码	科目名称	类别	方向	外币核算	期末调汇	辅助核算
410401	提取法定盈余公积金	累计盈余	借	不核算	否	
410402	提取任意盈余公积金	累计盈余	借	不核算	否	
410403	提取法定公益金	累计盈余	借	不核算	否	
410404	应付现金股利或利润	累计盈余	借	不核算	否	
410405	转作股本的利润	累计盈余	借	不核算	否	
410406	盈余公积补亏	累计盈余	借	不核算	否	
410407	提取储备基金	累计盈余	借	不核算	否	
410408	提取企业发展基金	累计盈余	借	不核算	否	
410409	提取职工奖励及福利基金	累计盈余	借	不核算	否	
410410	利润归还投资	累计盈余	借	不核算	否	
410411	未分配利润	累计盈余	贷	不核算	否	
4201	库存股	累计盈余	借	不核算	否	
五、成本类						
5001	生产成本	生产成本	借	不核算	否	
500101	基本生产成本	生产成本	借	不核算	否	
500102	辅助生产成本	生产成本	借	不核算	否	
5101	制造费用	生产成本	借	不核算	否	
5201	劳务成本	生产成本	借	不核算	否	
5301	研发支出	生产成本	借	不核算	否	
530101	费用化支出	生产成本	借	不核算	否	
530102	资本化支出	生产成本	借	不核算	否	
六、损益类						
6001	主营业务收入	收入	贷	不核算	否	
6051	其他业务收入	其他收入	贷	不核算	否	
6101	公允价值变动损益	其他收入	贷	不核算	否	
6111	投资收益	其他收入	贷	不核算	否	
6301	营业外收入	其他收入	贷	不核算	否	
6401	主营业务成本	销售成本	借	不核算	否	
6402	其他业务成本	其他费用	借	不核算	否	
6403	营业税金及附加	其他费用	借	不核算	否	
6601	销售费用	费用	借	不核算	否	
660101	办公用品	费用	借	不核算	否	
660102	房租	费用	借	不核算	否	

续表

科目代码	科目名称	类别	方向	外币核算	期末调汇	辅助核算
660103	物业管理费	费用	借	不核算	否	
660104	水电费	费用	借	不核算	否	
660105	交际应酬费	费用	借	不核算	否	
660106	市内交通费	费用	借	不核算	否	
660107	差旅费	费用	借	不核算	否	
660108	补助	费用	借	不核算	否	
660109	通讯费	费用	借	不核算	否	
660110	工资	费用	借	不核算	否	
660111	佣金	费用	借	不核算	否	
660112	保险金	费用	借	不核算	否	
660113	福利费	费用	借	不核算	否	
660114	包装费	费用	借	不核算	否	
660115	展览费和广告费	费用	借	不核算	否	
660116	商品维修费	费用	借	不核算	否	
660117	预计产品质量保证损失	费用	借	不核算	否	
660118	运输费	费用	借	不核算	否	
660119	装卸费	费用	借	不核算	否	
660120	折旧费	费用	借	不核算	否	
660121	计提福利	费用	借	不核算	否	
660122	计提职工教育经费	费用	借	不核算	否	
660199	其他	费用	借	不核算	否	
6602	管理费用	费用	借	不核算	否	
660201	办公用品	费用	借	不核算	否	
660202	房租	费用	借	不核算	否	
660203	物业管理费	费用	借	不核算	否	
660204	水电费	费用	借	不核算	否	
660205	交际应酬费	费用	借	不核算	否	
660206	市内交通费	费用	借	不核算	否	
660207	差旅费	费用	借	不核算	否	
660208	通讯费	费用	借	不核算	否	
660209	工资	费用	借	不核算	否	
660210	保险金	费用	借	不核算	否	
660211	福利费	费用	借	不核算	否	

续表

科目代码	科目名称	类别	方向	外币核算	期末调汇	辅助核算
660212	工会经费	费用	借	不核算	否	
660213	董事会费	费用	借	不核算	否	
660214	聘请中介机构费	费用	借	不核算	否	
660215	咨询费	费用	借	不核算	否	
660216	诉讼费	费用	借	不核算	否	
660217	房产税	费用	借	不核算	否	
660218	车船使用税	费用	借	不核算	否	
660219	土地使用税	费用	借	不核算	否	
660220	印花税	费用	借	不核算	否	
660221	技术转让费	费用	借	不核算	否	
660222	矿产资源补偿费	费用	借	不核算	否	
660223	研究费用	费用	借	不核算	否	
660224	排污费	费用	借	不核算	否	
660225	折旧费	费用	借	不核算	否	
660226	计提福利	费用	借	不核算	否	
660227	计提职工教育经费	费用	借	不核算	否	
660228	存货盘亏或盘盈	费用	借	不核算	否	
6603	财务费用	费用	借	不核算	否	
660301	汇兑损益	费用	借	不核算	否	
660302	利息	费用	借	不核算	否	
660303	手续费	费用	借	不核算	否	
660399	其他	费用	借	不核算	否	
6701	资产减值损失	其他费用	借	不核算	否	
6711	营业外支出	其他费用	借	不核算	否	
6801	所得税费用	其他费用	借	不核算	否	
680101	当期所得税费用	其他费用	借	不核算	否	
680102	递延所得税费用	其他费用	借	不核算	否	
6901	以前年度损益调整	其他费用	借	不核算	否	

(4)部门明细表

基础设置中部门明细相关参数如表1-4所示。

表1-4　部门明细表

部门代码	部门名称
01	财务部
02	采购部
03	仓管部
04	营销部
05	生产车间
06	办公室

(5)员工明细表

基础设置中员工明细相关参数如表1-5所示。

表1-5　员工明细表

代码	姓名	隶属部门
201801	杨简	财务部
201802	王五	采购部
201803	林六	仓管部
201804	陈红	营销部
201805	梁皮	生产车间
201806	麻三	办公室

(6)仓库明细表

基础设置中仓库明细相关参数如表1-6所示。

表1-6　仓库明细表

代码	名称	仓库类型
01	原材料仓	普通仓
02	半成品仓	普通仓
03	产成品仓	普通仓
04	赠品仓	虚仓

(7)计量单位表

基础设置中计量单位相关参数如表1-7所示。

表1-7 计量单位表

代码	单位组	单位名称	换算率	类别	是否默认
01	数量组	个	1		
02	数量组	台	1		是
03	数量组	件	1		
04	重量组	克	0.001		
05	重量组	千克	1		是
06	重量组	公斤	1		
07	重量组	吨	1000		

(8)物料辅助属性表

基础设置中物料辅助属性相关参数如表1-8所示。

表1-8 物料辅助属性表

基本类	代码	名称	颜色
颜色	01	红色	红色
	02	黑色	黑色
	03	白色	白色
尺寸	01	L	L
	02	M	M
	03	S	S

(9)收支类别

基础设置中收支类别相关参数如表1-9所示。

表1-9 收支类别表

收支类别	代码	名称
收入类别	001	收到押金
	002	收到运费
	003	包装物收入
支出类别	004	支付押金
	005	支付运费
	006	装修费用

(10)客户明细表

基础设置中客户明细相关参数如表1-10所示。

表1-10　客户明细表

代码	名称	信用额度	结算期限	增值税率(%)	分管部门	业务员
01	甲电脑公司	100,000.00	30天	17%	营销部	陈红
02	乙电脑公司	80,000.00	60天	17%	营销部	陈红
03	丙电脑公司	500,000.00	90天	17%	营销部	陈红

(11)供应商明细表

基础设置中供应商明细相关参数如表1-11所示。

表1-11　供应商明细表

代码	公司名称	信用额度	结算期限	增值税率(%)
001	HP电脑公司	500,000.00	30天	17%
002	联想电脑公司	800,000.00	60天	17%

(12)采购价格表

基础设置中采购价格相关参数如表1-12所示。

表1-12　采购价格表

供应商	物料代码	物料名称	规格型号	计量单位	订货量区间	报价	最高限价金额	审核状态
HP	0201	主机	办公PC	台	[0,500]	2500	0	Y
联想	0202	主机	学生PC	台	[0,100]	2000	0	Y

(13)销售价格表

基础设置中销售价格相关参数如表1-13所示。

表1-13　销售价格表

物料代码	物料名称	规格型号	客户代码	客户名称	计量单位	销货量区间	报价	最低限价	生效日期	失效日期	审核标志	最低价格控制
0202	主机	学生PC	01	甲电脑公司	台	[0,1000]	4600	4000	2019-1-1	2100-1-1	是	是
0201	主机	办公PC	02	丙电脑公司	台	[0,1000]	5000	4300	2019-1-1	2100-1-1	是	是

1.2 基础设置在金蝶KIS中的操作

1.2.1 系统参数相关操作

建立新账套后的首要操作就是进行系统参数设置，系统参数根据实际情况进行设置，一旦确定后就不允许进行再次更改，所以系统参数的设置要严谨。系统参数设置的具体操作如下：

(1)启动金蝶KIS应用程序并打开新建立的账套，点击“基础设置”功能模块；

(2)选择子功能选项中“公共资料”模块中的“系统参数”功能，就可对新建立的账套进行相关参数设置，如图1-10所示；

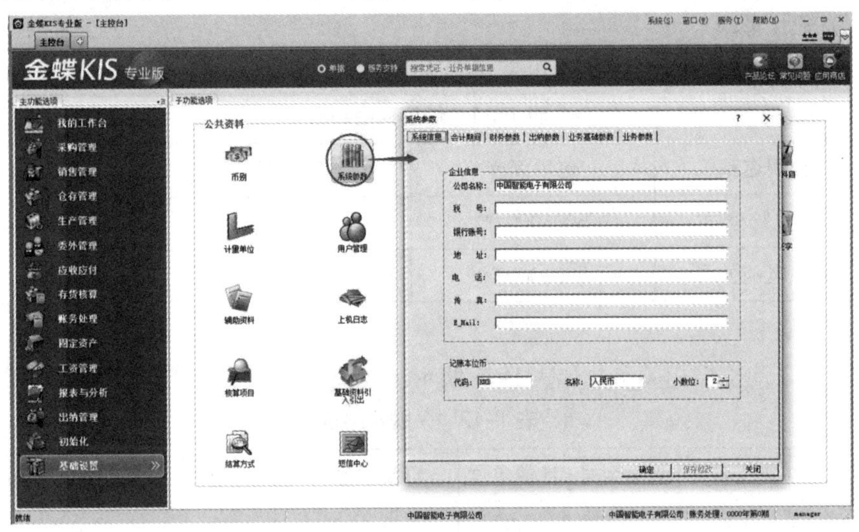

图1-10 系统参数设置

(3)在系统参数中需要对“系统信息、会计期间、财务参数、出纳参数、业务基础参数、业务参数”等六个方面进行设置，各参数显示界面如图1-11、1-12、1-13、1-14和1-15所示。其中要特别注意的是要在“会计期间”功能模块中设置会计期间，这一步非常重要，否则将不能进行其他相应业务功能的操作。

系统参数中各模块参数设置完成之后系统会自动提示“会计期间”设置，一旦确定则以后不允许修改。欲使刚才设置的参数生效，系统会提示需要退出后重新登录。

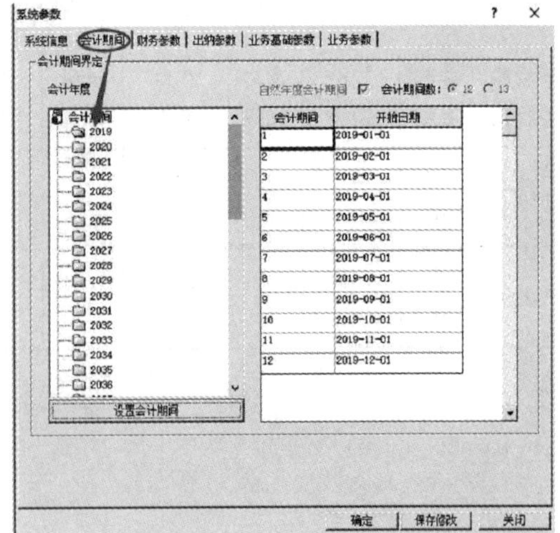

图1-11 会计期间设置

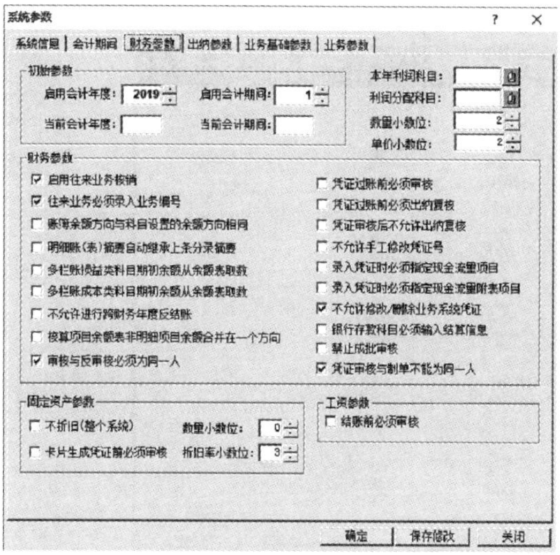

图1-12　财务参数设置

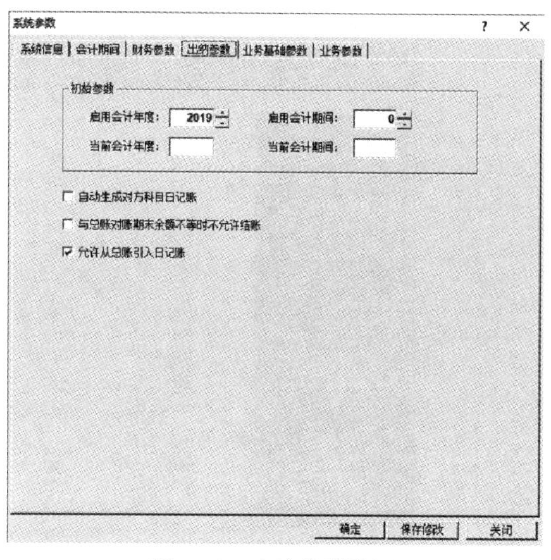

图1-13　出纳参数设置

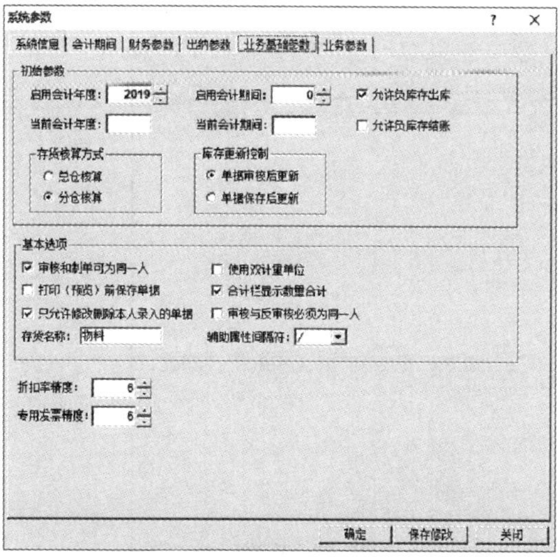

图1-14　业务基础参数设置

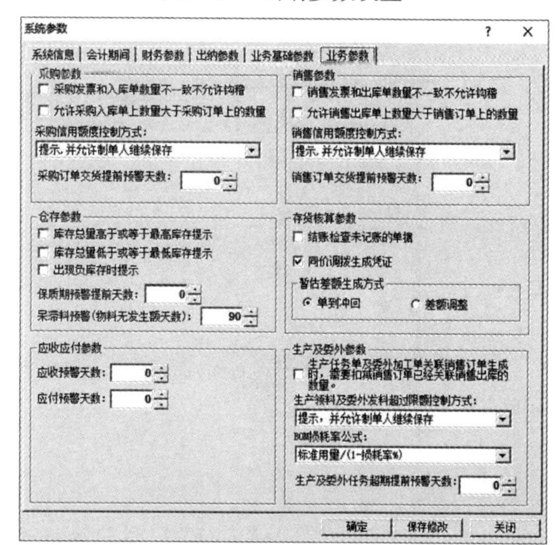

图1-15业务参数设置

系统参数设置完成后就可对“基础设置”模块中的其他各个子功能选项进行相应设置，本章以“用户管理”子功能模块为例进行操作介绍，其他子功能选项的操作类似。

1.2.2　用户管理操作

用户管理是软件应用环节中最重要也是最基础的功能，是企业员工使用软件进行角色与身份识别以及权限配置等操作最为关键的环节。“用户管理”功能模块的基本操作如下：

(1)启动金蝶KIS应用程序，进入软件界面后，点击“基础设置”模块；

(2)选择并单击子功能选项中“公共资料”模块中的“用户管理”功能；

(3)根据实际情况添加用户、用户组及权限配置等相关操作，如图1-16和图1-17所示。

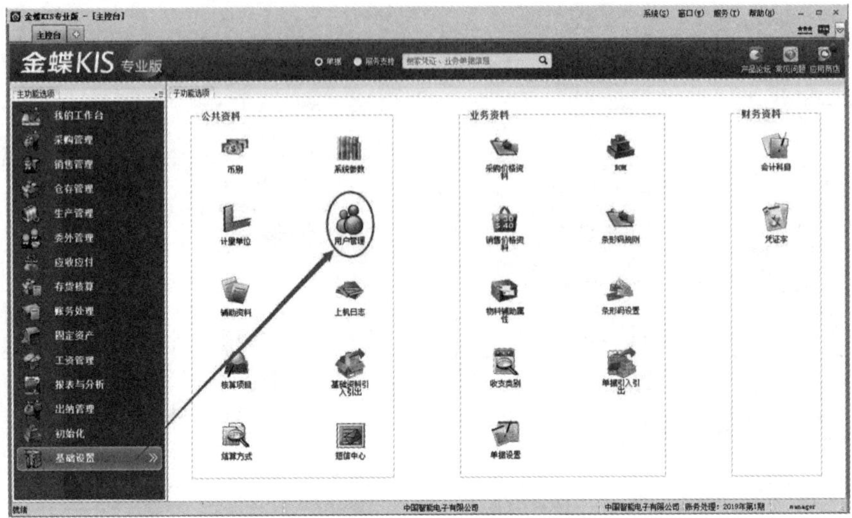

图1-16　用户管理

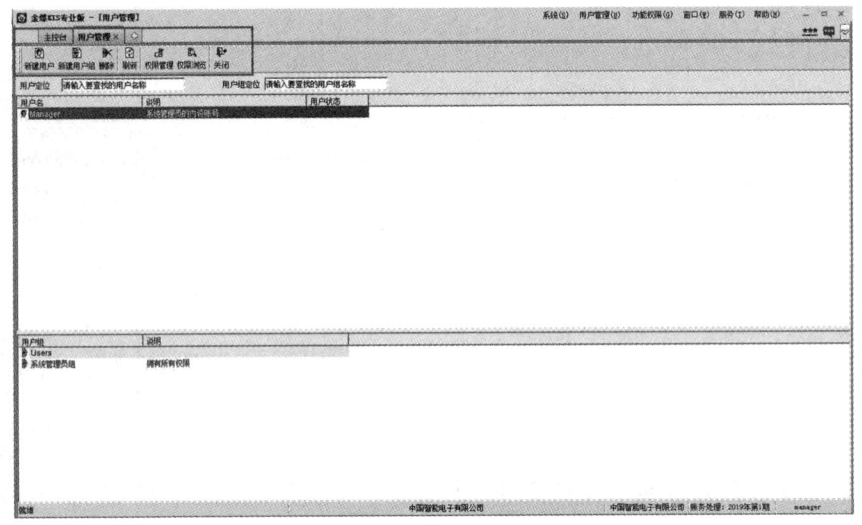

图1-17　权限管理操作

1.2.3　初始化操作

完成“基础设置”模块中各项参数设置之后，需要进行“初始化”功能设置，初始化设置包含科目初始数据、固定资产初始数据、存货初始数据、应收应付初始数据、出纳初始数据等相关设置。初始化是进行业务操作的第一步，实现财务和业务的初始数据录入，录入完毕并确认无误后可启用系统进行正式业务处理。“初始化”功能相关设置的操作步骤如下：

(1)启动金蝶KIS应用程序，进入系统界面，点击“初始化”功能模块；

(2)根据企业实际情况填写业务初始化、财务初始化、出纳初始化相关数据。

1.2.4 初始化设置结束操作

完成各个子功能选项中相应的初始化数据填写后，点击“启用业务系统”“启用财务系统”“启用出纳系统”，就完成了初始化相关操作，如图1-18所示。

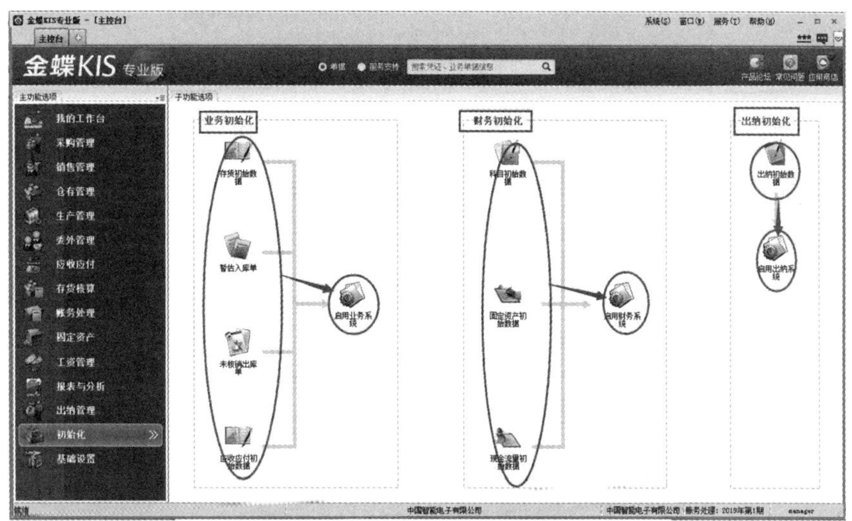

图1-18 初始化功能设置

实验：金蝶KIS软件操作

一、实验目的

1. 掌握账套的创建与查看方法。
2. 掌握账套的基础设置及各模块功能的设置方法。
3. 掌握账套的初始化设置方法。

二、实验内容及操作步骤

1. 新建一个名为“青山环境保护股份有限公司”的账套，账套保存在D盘。
2. 对“青山环境保护股份有限公司”的账套进行公共资料设置。
3. 对“青山环境保护股份有限公司”的账套进行业务资料设置。
4. 对“青山环境保护股份有限公司”的账套进行财务资料设置。
5. 对“青山环境保护股份有限公司”的账套进行初始化与结束初始化。

注：“青山环境保护股份有限公司”的基础资料请参考1.1.3中的操作实例进行操作。

第二章　证券软件的使用

2.1　证券软件

在信息化社会，人们的思想理念发生了巨大变化，特别是在全球经济一体化和当前金融经济快速发展的冲击下，融资和理财越来越受到广大人民群众的欢迎和重视，成了社会生活中关注的焦点领域。在经济高速发展的今天，数千万中国人热衷投资证券交易（俗称“股票”），本章针对有兴趣进入证券投资领域的爱好者进行证券基础知识的学习，同时还向关注中国市场经济发展的读者介绍证券投资基础知识，帮助其了解中国的资本市场情况。

2.1.1　证券软件的安装与启动

各证券公司的官网上都可下载该公司的客户端软件，也可通过搜索引擎进行查找，找到相应的站点进行下载并安装。本章以长城证券官网下载的客户端安装软件为例进行介绍，其下载页面如图2-1所示。软件下载完成后即可进行安装（建议以默认模式安装），安装完成后在桌面生成证券软件快捷启动图标，鼠标左键双击图标即可启动长城证券软件，启动界面如图2-2所示。长城证券软件启动后，点击“浏览用户”命令按钮，即可浏览证券行情的基本情况，如图2-3所示。

图2-1　证券软件下载

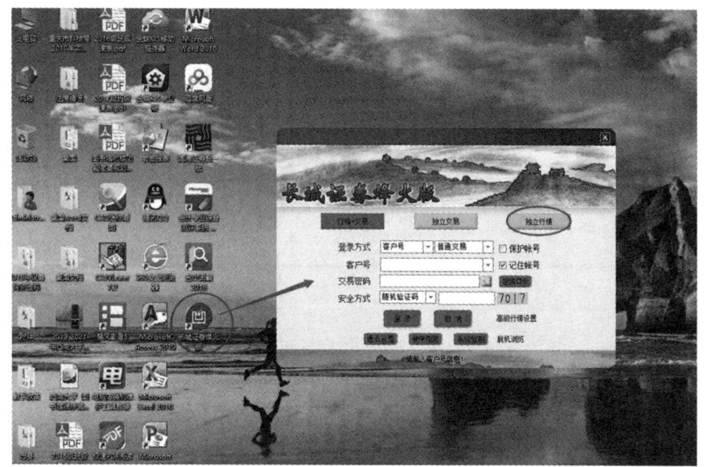

图2-2　证券软件启动

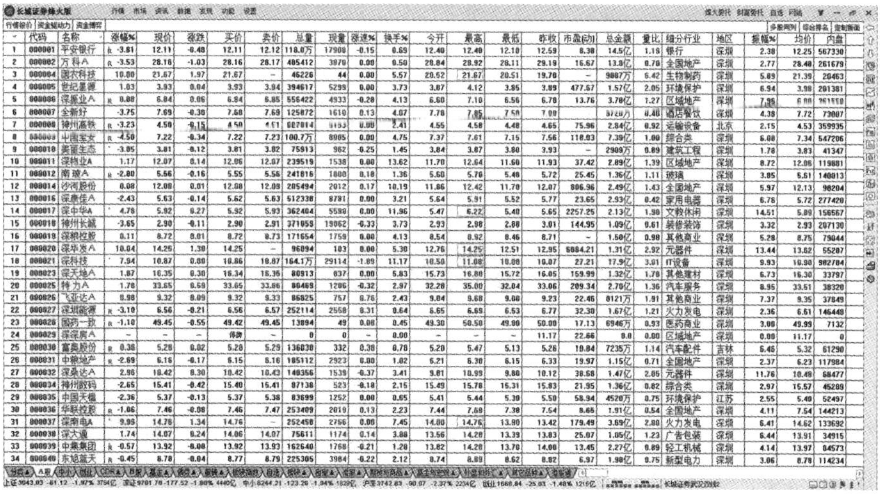

图2-3　证券行情浏览

2.1.2　具体行情查看

启动长城证券软件，进入证券行情界面，鼠标双击某一具体证券标的物，即可查看该标的物自上市以来证券行情的变化情况，如图2-4所示。

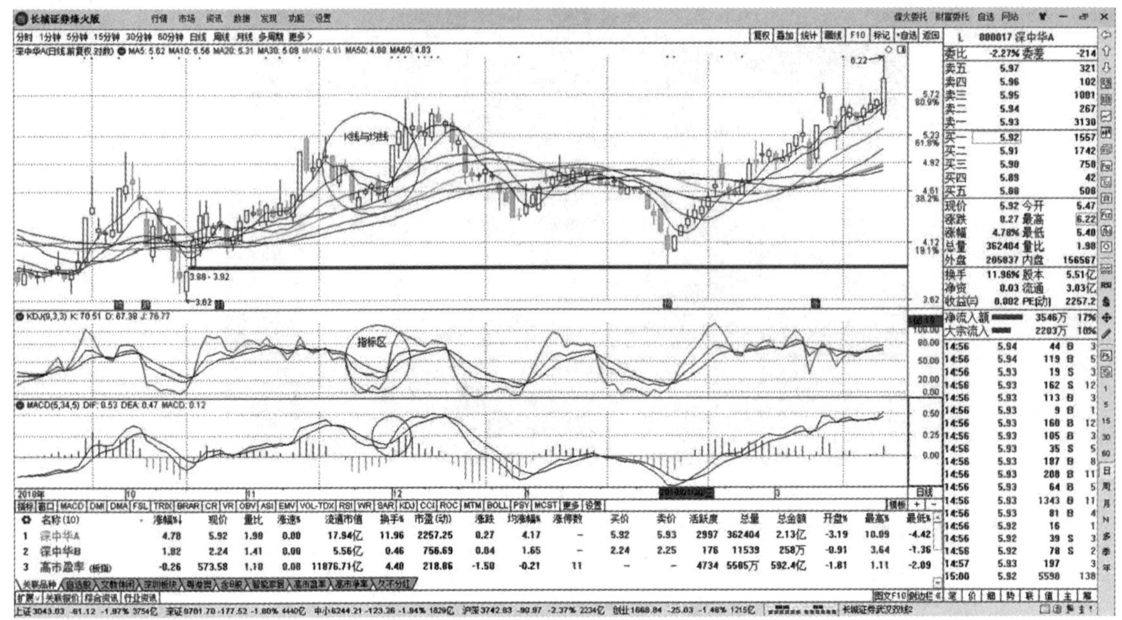

图2-4　具体行情查看

2.2　指标分析与实现

2.2.1　常用指标原理解析

证券软件中常用的分析指标有MACD(指数平滑移动平均线)、KDJ(随机指数)、RSI(相对强弱指标)、BIAS(乖离率)、VOL(成交量)和BOLL(布林)等多种类型指标，下面对这些常用指标的原理进行解析。

(1)MACD

MACD即指数平滑移动平均线，是从双指数移动平均线发展而来的，是BIAS(乖离率)指标的一种变形。MACD通过计算两条不同变动速度(一条快速，一条慢速)的指数移动平均线来进行判断，运用两者的差离值(DIF)作为判断某股票市场行情的基础，然后再求其差离值的9日平滑移动平均线，这条平均线就称为MACD线。通过图形上显示出快速与慢速均线的离散、交叉等特征来表示证券市场中的多空状态及股价发展变化方向的可能性。

MACD计算公式为短期收盘价(默认12日)的移动平均值(EMA12)减去长期收盘价(默认26日)的移动平均值(EMA26)得到差离值(DIF)，再用差离值减去差离值的9日加权移动均值(DEA)后乘以2，得到MACD柱。当MACD从负数转为正数，是买入信号；当MACD从正数转为负数，是卖出的信号；当MACD以大角度变化，表示快的移动平均线和慢的移动平均线的差距非常迅速地拉开，代表市场大趋势的转变。上述过程的公式描述如下：

```
DIF:EMA(CLOSE,12)-EMA(CLOSE,26);
DEA:EMA(DIF,9);
MYY:=EMA(CLOSE,3)-EMA(CLOSE,3);
YMM:=EMA(MYY,3);
MACD:(DIF-DEA)*2;
```

以12日为EMA1的参数,26日为EMA2的参数,9日为DIF的参数为例,MACD的计算过程如下:

①移动平均值(EMA)

12日EMA的计算公式为:EMA(12)=前一日EMA(12)×11/13+今日收盘价×2/13

26日EMA的计算公式为:EMA(26)=前一日EMA(26)×25/27+今日收盘价×2/27

②离差值(DIF)

DIF的计算公式为:DIF=今日EMA(12)-今日EMA(26)

③DEA

根据离差值计算其9日的EMA,即离差平均值,为了不与原指标相混淆,将此值命名DEA。

DEA的计算公式为:今日DEA(MACD)=前一日DEA×8/10+今日DIF×2/10

计算出的DIF和DEA的数值均为正值或负值,(DIF-DEA)*2即为MACD柱状图。所以MACD指标是由两线一柱组合起来形成,DIF为快速线(常称为快线),DEA为慢速线(常称为慢线),柱状图就是MACD,如图2-5所示。

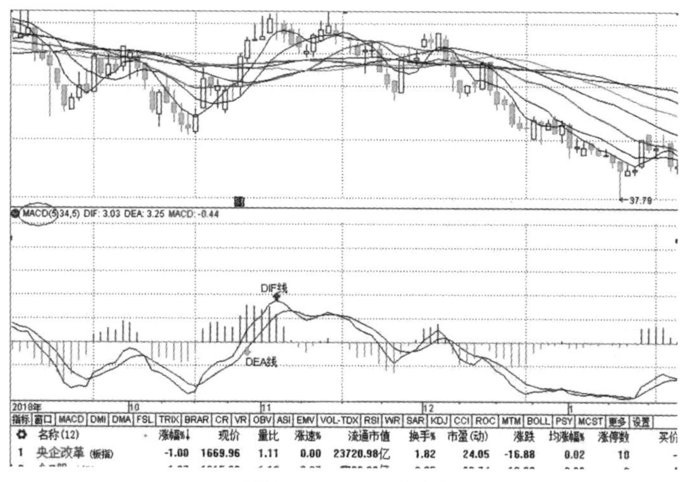

图2-5 MACD指标

④特殊信息点

MACD金叉:即DIF线由下往上穿过DEA线,一般表示为买入操作信号;

MACD死叉:即DIF线由上往下穿过DEA线,一般表示为卖出操作信号;

MACD绿色柱状线转为红色柱状线时,MACD值由负数变为正数,一般认为市场由空方转为多方;

MACD红色柱状线转为绿色柱状线时,MACD值由正数变为负数,一般认为市场由多方转为空方；

DIF与DEA都为正数，表示多方占主动，若此时DIF线向上穿过DEA线，表示可操作指示信号；

DIF与DEA都为负数，表示空方占主动，若此时DIF线向下穿过DEA线，要特别注意行情发生重大变化；

(2)KDJ

KDJ是随机指数，最早起源于期货市场。KDJ是以最高价、最低价及收盘价为基础数据进行计算，得出K值、D值和J值。利用这些值在坐标中确定某个点，连接无数个这样的点，形成一个完整的、能反映价格波动趋势的KDJ指标。KDJ指标在证券软件中表现出来的是三条曲线，使用时主要从KD取值的绝对值、KD曲线的形态、KD指标的交叉、KD指标的背离、J指标的取值大小等五个方面进行考虑。KD指标较适用于中短期股票的技术分析。KD线的随机观念与移动平均线相比，各有优势。移动平均线以收盘价计算，无法表现出一段行情的真正变动幅度；KD在设计中充分考虑价格波动的随机振幅与中短期波动的测算，使其短期预测功能比移动平均线更加准确有效，在市场短期超买超卖的预测方面比相对强弱指标更敏感。因此，KD指标被投资者广泛采用。其计算公式如下：

RSV=(收盘价—N日内最低价)/(N日内最高价—N日内最低价)*100

K=RSV的M1日移动平均

D=K的M2日移动平均

常用证券系统中，参数N的默认值为9日，参数M1的默认值为3日，参数M2的默认值为3日。上述方法计算出的K值和D值都介于0～100之间，KD值在证券软件中表现出的图形如图2-6所示。

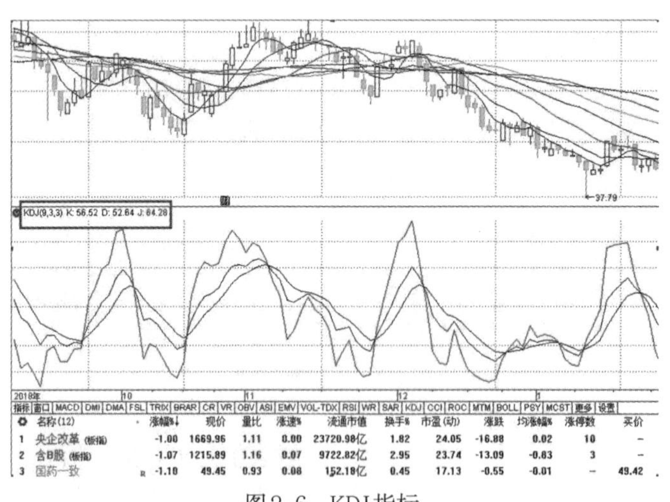

图2-6 KDJ指标

由于KDJ指标反应较敏感，中小投资者喜欢使用KDJ指标进行短线和波段操作，但是KDJ使用时需要注意以下几个问题：

① 根据KDJ指标的计算方法可知，K值与D值一定位于0到100之间。D值>80时，通常认定

为超买行情；D值<20时，通常认定为超卖行情。但是股票的买卖操作应当结合其他指标及均线形态进行综合判断；

② 上涨趋势中，K值>D值，K线由下向上穿过D线时，这时需要进行操作判断；同样在下跌趋势中，K值<D值，K线由上向下穿过D线时，这时也需要进行操作判断；

③ KDJ指标既能反映出市场的超买超卖程度，还能通过交叉的不同情况为投资者提供多种操作信息；

(3)RSI

RSI是强弱指标，是通过特定时期内股价的变动情况推测该股价未来的变化方向，并根据股价涨跌幅度来显示市场的强弱程度，通过比较一段时期内的平均收盘涨数和平均收盘跌数来分析市场买卖盘的意向和实力。RSI的计算公式为：

RSI=N日内收盘涨幅平均值/N日内收盘涨跌幅绝对值的平均值*100。

RSI指标在证券软件中表现出来的图形也是三条曲线，但其显示的信息却不相同，有不同的参数来表示短期、中期、长期的发展变化，RSI指标的图形如图2-7所示。

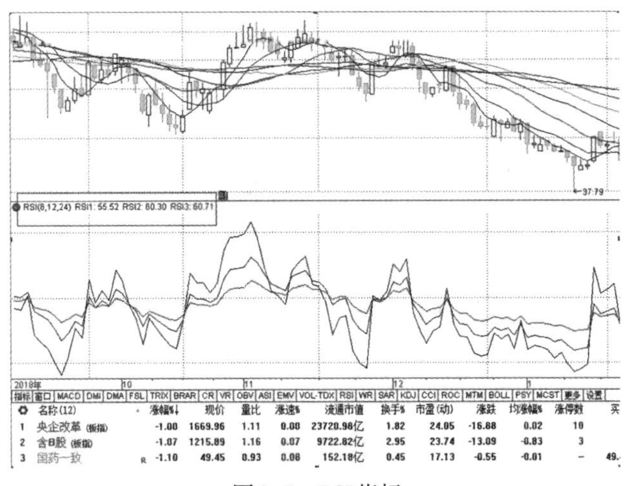

图2-7　RSI指标

图2-7的图形可由下列代码来完成：

```
LC:=REF(CLOSE,1);
RSI1:SMA(MAX(CLOSE-LC,0),N1,1)/SMA(ABS(CLOSE-LC),N1,1)*100;
RSI2:SMA(MAX(CLOSE-LC,0),N2,1)/SMA(ABS(CLOSE-LC),N2,1)*100;
RSI3:SMA(MAX(CLOSE-LC,0),N3,1)/SMA(ABS(CLOSE-LC),N3,1)*100;
```

常见证券系统中，N1参数的默认值为6日，N2参数的默认值为12日，N3参数的默认值为24日。RSI指标选取时间可长可短，通常短期RSI值起伏大，长期RSI值规律性强。RSI指标值的变动范围与KDJ值一样，在0～100之间，其分数值多少分别表示极弱、弱、强、极强四个等级，50是强弱的分界线。

(4)BIAS

BIAS(乖离率)是股价指数与移动平均值的比值，主要通过测算股价在波动过程中与移动平均线出现偏离的程度，偏离程度的大小作为投资决策的依据。BIAS的计算公式为：

BIAS=(收盘价-收盘价的N日简单平均)/收盘价的N日简单平均*100

BIAS指标在常见证券软件中表现出来的图形是三条曲线，可以用不同的参数来表示短期、中期、长期的发展变化，BIAS指标的图形如图2-8所示。

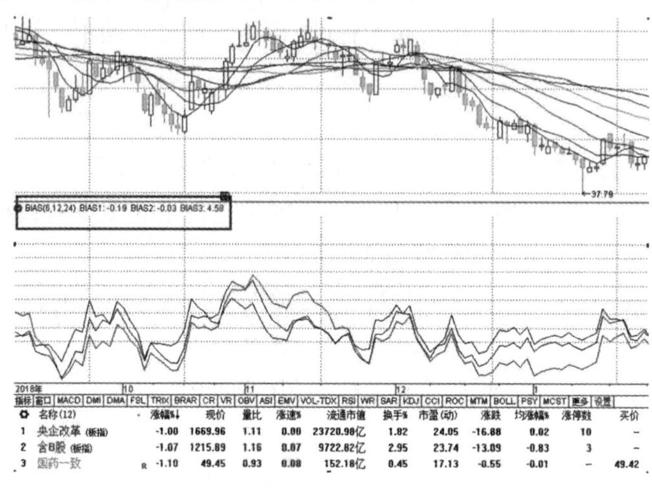

图2-8 BIAS指标

图2-8的图形可由下列代码来完成：

```
BIAS1 :(CLOSE-MA(CLOSE,N1))/MA(CLOSE,N1)*100;
BIAS2 :(CLOSE-MA(CLOSE,N2))/MA(CLOSE,N2)*100;
BIAS3 :(CLOSE-MA(CLOSE,N3))/MA(CLOSE,N3)*100;
```

常见证券系统中，N1参数的默认值为6日，N2参数的默认值为12日，N3参数的默认值为24日。

当股价的正乖离(股价大于平均线)扩大到一定程度时，行情可能要发生转向；当股价的负乖离(股价小于平均线)扩大到一定程度时，也意味着行情可能发生转向。BIAS指标存在一些难以规避的缺陷，因此在使用时还要与随机指标(KDJ)和布林线指标(BOLL)等配合使用。

(5)VOL

VOL(成交量)是一种供需的表现，是单位时间内某项交易成交的数量。当供不应求时成交量放大；供过于求，成交量萎缩。广义的成交量包括成交股数、成交金额、换手率；狭义的成交量通常仅指成交股数。VOL可以在分时图中绘制，包括5分钟图、30分钟图、60分钟图、日线图、周线图、月线图等。技术分析方法中，成交量的变化反映了资金进出市场的情况，因此成交量是判断市场运行趋势与方向的重要参考依据之一。

成交量指当天成交的股票总手数，股票交易市场中1手就是100股。但是，大盘成交量一般是指成交金额。

量和价是证券分析的基本因素，各种技术分析方法都是以量、价要素发展而来。但具体某一日的成交量或成交金额具有一定的偶然性，不能真实反映市场的供求状态。成交量与成交金额的关系可用下列公式表示：

成交金额(成交额)=成交数量(成交量)*成交均价

VOL指标在常见证券软件中所表示的图形如图2-9所示。

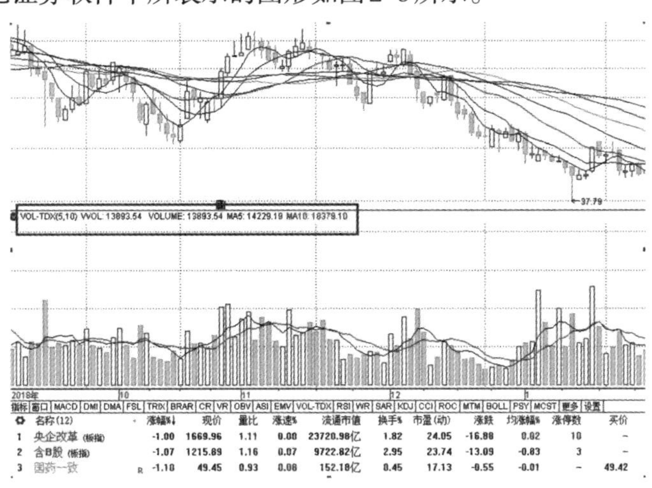

图2-9 VOL指标

图2-9的图形可由下列代码来完成:

```
TOTAL:=IF(PERIOD=1,5,IF(PERIOD=2,15,IF(PERIOD=3,30,IF(PERIOD=4,60,IF(PERIOD=5,TOTALFZNUM,1)))));
MTIME:=MOD(FROMOPEN,TOTAL);
CTIME:=IF(MTIME<0.5,TOTAL,MTIME);
VVOL:IF ( (CURRBARSCOUNT=1ANDDYNAINFO (8) >1) , VOL*TOTAL/CTIME,DRAWNULL),NODRAW;
STICKLINE((CURRBARSCOUNT=1 ANDDYNAINFO(8)>1),VVOL,0,-1,-1),COLOR00C0C0;
VOLUME:VOL,VOLSTICK;
MAVOL1:MA(VOLUME,M1);
MAVOL2:MA(VOLUME,M2);
```

用均量线指标进行分析时必须结合量价的匹配情况,观察价格与均量变动趋向是否一致作为参考来进行选择判断。若两种趋向在某一观察时期内是一致的,说明价格走势得到成交量的支持,这种走势可望得到延续,此时可以作为操作参考信息点。若两种趋向发生了背离,表明成交量对当前价格支持力度在衰弱,投资者可以根据其衰弱的程度和持续时间来进行选择和判断。

(6)BOLL

BOLL(布林)是根据统计学中标准差原理设计出来的一种简单实用的技术分析指标。通常情况下,市场的运动总是围绕某一价值中枢(如均线)在一定的范围内变动,布林指标在上述基础上,引进了“价格通道”的概念,认为市场价格通道的宽窄随着股价波动幅度的大小而变化,而且价格通道又具有变异性,它会随着市场价格的变化而自动调整。BOLL指标的计算方法是,先规定一个标准差，再求出一个上下限波动区间，其波动的上下限随股价浮动。BOLL指标的计算公式为：

```
MID=N天的收盘价的均价；
STD=N天的收盘价的标准差；
UPPER=MID + 离差系数*STD；
LOWER=MID-离差系数*STD；
```

BOLL指标一共由三条线组成，即上轨线（黄色）UB、中轨线（白色）BOLL、下轨线（紫色）LB，在常见证券软件中，BOLL指标显示图形如图2-10所示。

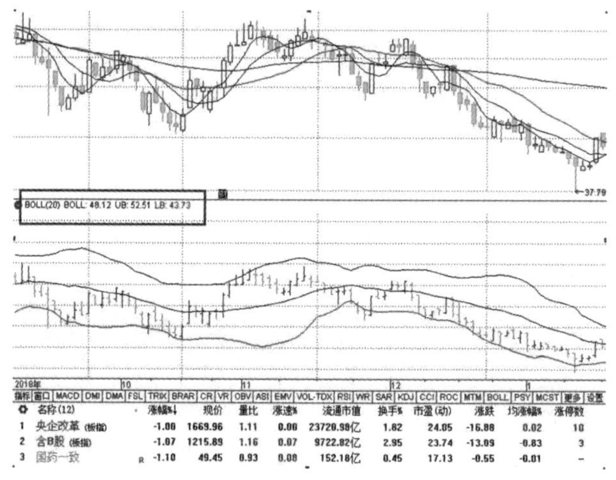

图2-10　BOLL指标

图2-10的图形可由下列代码来完成：

```
BOLL:MA(CLOSE,M);
UB:BOLL+2*STD(CLOSE,M);
LB:BOLL-2*STD(CLOSE,M);
```

BOLL指标中的上、中、下轨线所形成的股价通道的变动范围是不确定的，通道的上下限随着股价的变动而变化。正常情况下，股价在股价通道内运行，而在特殊情况下，股价会突破其通道。BOLL指标中，其上、下轨是显示股价运行的最高价位和最低价位，上轨线、中轨线和下轨线视为对股价的支撑或压力。当股价在布林线的中轨线上方或下方运行时，表明股价的强弱态势。

以上介绍的指标是证券分析中的经典指标，除此之外，还有其他一些指标，例如WR（威廉）指标、OBV（能量潮）等，也可作为分析指标。

2.2.2　公式编辑的使用

公式编辑器是导入源码与指标代码书写的窗口，公式编辑器分为4类，分别是：

（1）技术指标公式编辑器；

（2）条件选股公式编辑器；

(3)交易系统公式编辑器;

(4)五彩K线公式编辑器。

上述几种编辑器的使用方法基本相同,本章以技术指标公式编辑器为例进行说明。但是,不同的股票软件,某些函数不通用,编辑器的使用方式也略有差别。下面以长城证券的股票软件为例进行操作。

软件运行的主界面中,找到标题栏中的"系统功能"菜单并单击,再在其下拉菜单中找到"公式系统"选项,单击"公式管理器"选项,即可出现公式管理器窗口,其运行界面如图2-11和图2-12所示。

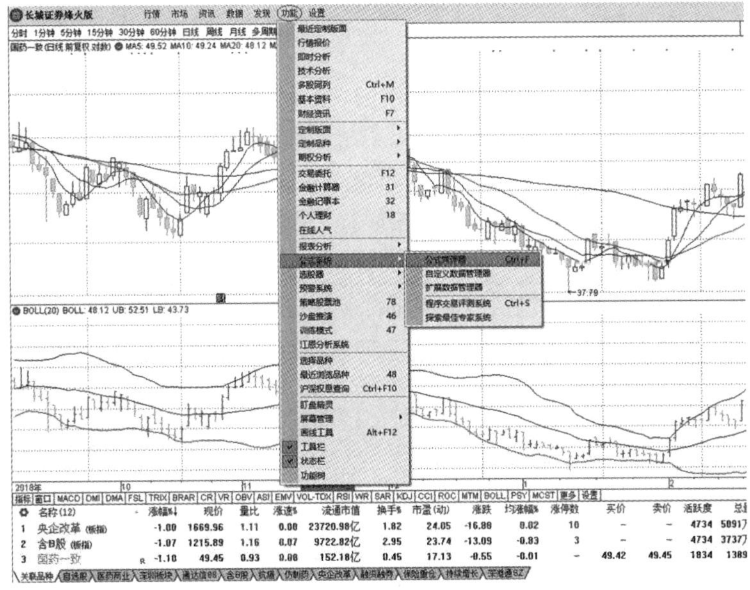

图2-11 公式管理器

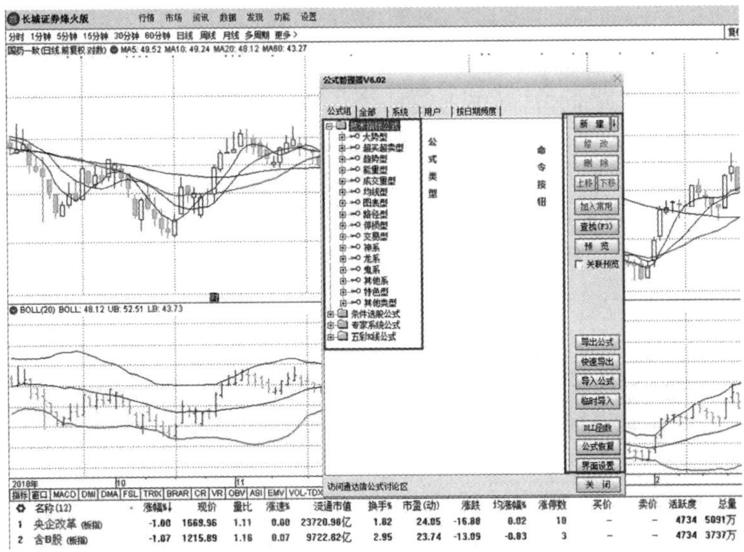

图2-12 公式管理器

从图2-12的界面中可以看出，公式主要分为四大类型，即技术指标公式、条件选股公式、专家系统公式和五彩K线公式。公式管理器界面的右边是命令按钮，根据需要利用函数编辑新公式，只需点击“新建”命令按钮，就会出现公式编辑环境，运行界面如图2-13所示。

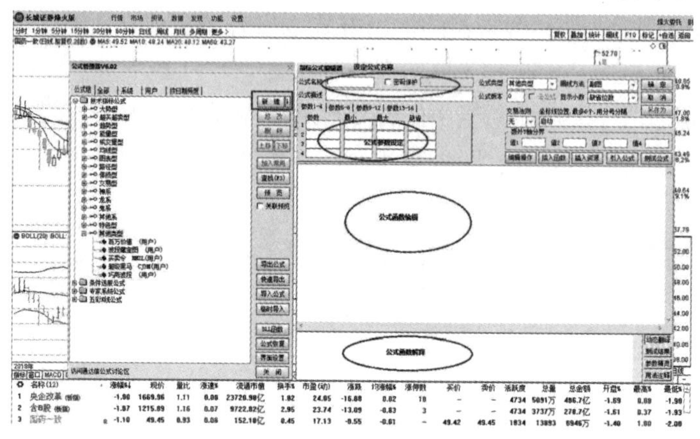

图2-13　指标公式编辑器

公式编辑器界面包含对公式的命名、参数设置、公式函数编辑及对公式函数的动态翻译等部分。公式编辑系统中的分析方法，包括技术指标、条件选股、交易系统和五彩K线，均采用开放平台进行描述，所有分析方法的公式是公开的，任何人都可以对原公式进行修改，也可增加自己的新算法公式。

2.2.3　基础函数

常用的指标公式是由K线通过函数代码的形式来表示柱状线、彩带、分段线或不同颜色曲线等。因此，需要掌握一些常用基本函数的使用方法。

(1)K线函数

K线函数如图2-14所示，任何一根K线都是由四个要素组成的，开盘价(OPEN)、收盘价(CLOSE)、最高价(HIGH)和最低价(LOW)，这四个函数可以简写为O、C、H、L四个字母。

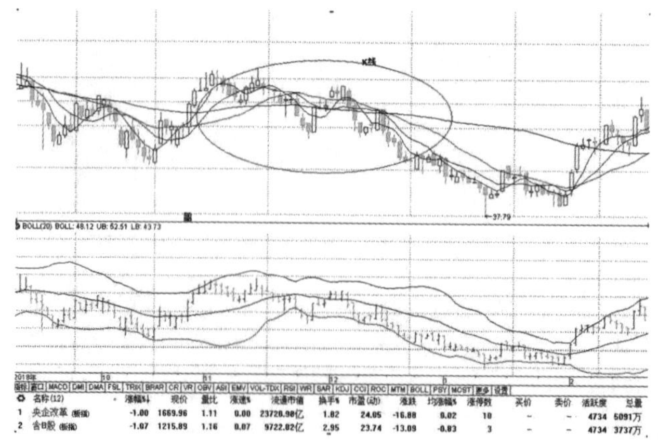

图2-14　K线图

O、C、H、L四个函数就可以构成一根K线，图2-14中所标出的是一根阴线（即收盘价小于开盘价）和一根阳线（即收盘价大于开盘价）。

（2）引用函数

图2-14中的各个K线附近还有几条其他颜色的曲线，这些线被称为均线。K线配合均线就会使K线图更加形象，有利于用户从中发现规律。这些均线的绘制需要用到引用函数，常见的引用函数有：

① COUNT(X,N)

作用：统计满足条件的周期数。

用法：COUNT(X,N)，统计N周期中满足X条件的周期数，若N=0则从第一个有效值开始。

举例：COUNT(CLOSE>OPEN,20)，统计20周期内收阳的周期数。

② SUM(X,N)

作用：求某周期内某类值的总和。

用法：SUM(X,N)，统计N周期中X的总和，N=0则从第一个有效值开始。

举例：SUM(VOL,5)，求出最近5个交易日的成交量之和。

③ SMA(X,N,M)

作用：求出移动平均。

用法：SMA(X,N,M)，求X的N日移动平均，M为权重。

举例：SMA(CLOSE,30,1)，求30日移动平均价。

④ REF(X,A)

作用：引用某周期前的某类数据。

用法：REF(X,A)，引用A周期前的X的值。

举例：REF(CLOSE,1)，表示上一周期的收盘价。

⑤ MA(X,N)

作用：求出简单移动平均值。

用法：MA(X,N)，求X的N日移动平均值。

举例：MA(CLOSE,10)，求出最近10日均价。

⑥ LLV(X,N)

作用：求某个周期内某类值的最低值。

用法：LLV(X,N)，求N周期内X的最低值。

举例：LLV(LOW,0)，求出历史最低价。

⑦ HHV(X,N)

作用：求出某周期内某类值的最高值。

用法：HHV(X,N)，求N周期内X最高值。

举例：HHV(HIGH,30)，求出30日最高价。

⑧ EMA(X,N)

作用：求指数平滑移动平均值。

用法:EMA(X,N),求X的N日指数平滑移动平均。

举例:EMA(CLOSE,30),求出30日指数平滑均价。

⑨ DMA(X,A)

作用:求动态移动平均值。

用法:DMA(X,A),求X的动态移动平均。

举例:DMA(CLOSE,VOL/CAPITAL),求出以换手率作平滑因子的平均价。

⑩ WMA(X,A)

作用:求加权移动平均。

用法:WMA(X,A),求X的加权移动平均。

举例:WMA(CLOSE,20),求出20日加权均价。

(3)数学函数

① ABS(X)

作用:求绝对值。

用法:ABS(X),返回X的绝对值。

举例:ABS(-23),返回值为23。

② MAX(A,B)

作用:求最大值。

用法:MAX(A,B),返回A和B中的较大值。

举例:MAX(CLOSE-OPEN,0),若收盘价大于开盘价就返回其差值,否则返回0。

③ MIN(A,B)

作用:求最小值。

用法:MIN(A,B),返回A和B中的较小值。

举例:MIN(CLOSE,OPEN),返回开盘价和收盘价中的较小值。

④ MOD(A,B)

作用:求模运算。

用法:MOD(A,B),返回A对B求模。

举例:MOD(18,10),返回8。

⑤ RAND(N)

作用:产生一个随机整数。

用法:RAND(N),返回一个范围在1-N的随机整数。

举例:CLOSE*(RAND(10)/10+0.4),输出收盘价乘以[0.4-1.4]的随机数。

⑥ ROUND(X)

作用:四舍五入函数,没有小数位数。

用法:ROUND(X),将X四舍五入为整数。

举例:ROUND(3.6),得到的结果为4。

⑦ SGN(X)

作用:得到参数的符号值。

用法:SGN(X),当X>0,X=0,X<0时分别返回1,0,-1的值。

举例:SGN(5),得到的结果是1。

⑧ ZIG(X,N)

作用:求符合条件的之字转向。

用法:ZIG(X,N),当序列或K线变化量超过N%时转向,X为序列或常数。

举例:ZIG(3,10)表示收盘价的10%的ZIG转向。

(4)逻辑函数

将多个函数连接表达,需要借助逻辑函数,常用的逻辑函数主要有:

① AND

作用:连接2个参数,当两个参数同时为真时,表达式成立。

举例:A AND B,表示A和B两个条件要同时成立。

② OR

作用:连接2个参数,当两个参数中一个参数为真时,表达式成立。

举例:A OR B,表示A和B两个条件有其中一个成立就行。

③ IF

作用:根据不同的参数值条件取不同的值。

举例:IF(C<O,L,H),表示K线为阴就返回最低价,否则返回最高价。

④ CROSS

作用:交叉函数。

举例:CROSS(A,B),表示A从下方向上穿过B。

(5)绘图函数

证券软件中指标基本是以线为基础的,不论是均线,K线,还是线与点之间的填充,并且这些线都具有某种颜色。颜色使得图形更形象生动,便于区分不同参数,线条的颜色需要颜色函数及其参数来表达。

①COLOR

作用:显示线条的颜色。

用法:根据函数参数显示不同颜色。

举例:COLOR(COLORRED),线条显示红色。

常用颜色有红色(COLORRED)、白色(COLORWHITE)、黄色(COLORYELLOW)、黑色(COLORBLACK)、蓝色(COLORBLUE)、绿色(COLORGREEN)等等。

②LINETHICK

作用:设置指标线粗细。

用法:LINETHICK X,X表示线条的粗细,数值越大,线条越粗。

举例：LINETHICK 2，表示2号线的粗细。

③DRAWICON

作用：在图形上绘制小图标。

用法：DRAWICON(条件，位置，图标)。

举例：DRAWICON(A=92,A1,1)，显示一个向上的箭头。

④DRAWTEXT

作用：在图形上显示文字。

用法:DRAWTEXT(条件，位置，文字)。

举例：DRAWTEXT(A=92,A1*1.008,'A')，输出文字“A”。

⑤STICKLINE

作用：在图形上绘制柱线。

用法：STICKLINE(条件，上位置，下位置，宽度，实体或空心)。

举例：STICKLINE(A<B,C,D,N,0)，当A<B时，在C与D之间画一条宽度为N，颜色为“0”的柱状图。

2.2.4 形态的描述与实现

利用公式编辑器和基本函数，就可以进行公式编写。接着介绍其他一些表达式语句，这些基本语句是编写公式和整理选股信号的基础。

(1)K线的基本形态

① 当天收阳：CLOSE > OPEN；

② 当天收阴：CLOSE < OPEN；

③ 当天股价高开：OPEN > REF(CLOSE,1)；

④ 当天股价低开：OPEN < REF(CLOSE,1)；

⑤ 跳空高开：OPEN > REF(HIGH,1)；

⑥ 跳空低开：OPEN < REF(LOW,1)；

⑦ 长阳：C/O>1.03 或(C−O)/O*100>5 或(C−O)/O>0.05；

⑧ 长阴：C/O<0.94；

⑨ 高开大阴：O/REF(C,1)>1.04 AND C/O<1.94；

⑩ 标准十字星：CLOSE=OPEN AND HIGH<>LOW。

(2)条件选股的基本形态

① 阶段最高价：HHV(H,N)；

② 阶段最低价：LLV(L,N)；

③ 阶段涨幅：(C−REF(C,N))/REF(C,N)*100；

④ 再创新高：HIGH=HHV(HIGH,N)；

⑤ 上涨：C/REF(C,1)>1.07；

⑥ 下跌:C/REF(C,1)<1.07;

⑦ 连续N天收阳:COUNT(C>O,N)=N;

⑧ N日内阳线多于阴线:COUNT(C>O,N)>N/2;

⑨ 创历史新高:C=HHV(C,0)。

(3)MACD指标金叉

①二次金叉:COUNT(CROSS(DIF,DEA),20)=2 AND CROSS(DIF,DEA);

②二次死叉:COUNT(CROSS(DEA,DIF),20)=2 AND CROSS(DEA,DIF);

③ 在0轴上二次金叉:

COUNT(CROSS(DIF,DEA) AND DEA>0,20)=2 AND CROSS(DIF,DEA) ANDDEA>0。

(4)均线金叉

①三线金叉;

```
A5:=MA(C,5);
A10:=MA(C,10);
A30:=MA(C,30);
AA:=CROSS(A5,A10);
BB:=CROSS(A5,A30);
CC:=CROSS(A10,A30);
COUNT(AA,3)=1 AND COUNT(BB,3)=1 AND COUNT(CC,3)=1;
```

② 三线同时金叉;

```
A5:=MA(C,5);
A10:=MA(C,10);
A20:=MA(C,20);
AA:=CROSS(C,A5);
BB:=CROSS(C,A10);
CC:=CROSS(C,A20);
AA AND BB AND CC;
```

(5)均线排列形态

① 均线多头排列;

```
A1:=MA(C,N1);
A2:=MA(C,N2);
A3:=MA(C,N3);
A4:=MA(C,N4);
A1>A2 AND A2>A3 AND A3>A4;
```

② 均线黏合;

```
MA1:=MA(C,5);
MA2:=MA(C10);
MA3:=MA(C,20);
P1:=ABS(MA1-MA2)+ABS(MA2-MA3);
P1/C<1/100 AND MA1>REF(MA1,1) AND MA2>REF(MA2,1);
```

2.3 函数的综合运用

上述介绍的函数只是部分常用函数,还有很多函数需要自行查阅软件说明书。下面以实例来说明函数的综合运用,这些示例代码都是一些著名指标的代码实现过程。

波段操作也称选时操作,是指投资人在价位高时卖出股票,在低位时买入股票的投资方法。波段操作是针对目前国内股市呈波段性运行特征的有效操作方法,波段操作虽然不是赚钱最多的方式,但始终是一种成功率较高的方式。这种灵活应变的操作方式还可以有效回避市场风险,保存资金实力和培养市场感觉。波段操作可参考下列代码完成。

```
VAR2:=1/WINNER(CLOSE);
VAR3:=MA(CLOSE,13);
VAR4:=100-ABS((CLOSE-VAR3)/VAR3*100);
VAR5:=LLV(LOW,75);
VAR6:=HHV(HIGH,75);
VAR7:=(VAR5-VAR5)/100;
VAR8:=SMA((CLOSE-VAR5)/VAR7,20,1);
VAR9:=SMA((OPEN-VAR5)/VAR7,20,1);
VARA:=3*VAR8-2*SMA(VAR8,15,1);
VARB:=3*VAR9-2*SMA(VAR9,15,1);
VARC:=100-VARB;
主干线:(100-VARA),LINETHICK 6, COLORRED;
散户:MA(WINNER(CLOSE*0.95)*100,3),, COLORYELLOW;
新庄:(100-IF(VAR2>5,IF(VAR2<100,VAR2,VAR4-10),0)),,COLORGREEN;
VARD:=散户>VAR4;
VARE:=REF(LOW,1)*0.9;
VARF:=LOW*0.9;
VAR10:=(VARF*VOL+VARE*(CAPITAL-VOL))/CAPITAL;
VAR11:=EMA(VAR10,30);
```

```
VAR12:=CLOSE-REF(CLOSE,1);
VAR13:=MAX(VAR12,0);
VAR14:=ABS(VAR12);
VAR15:=SMA(VAR13,7,1)/SMA(VAR14,7,1)*100;
VAR16:=SMA(VAR13,13,1)/SMA(VAR14,13,1)*100;
VAR17:=BARSCOUNT(CLOSE);
VAR18:=SMA(MAX(VAR12,0),6,1)/SMA(ABS(VAR12),6,1)*100;
VAR19:=(-200)*(HHV(HIGH,60)-CLOSE)/(HHV(HIGH,60)-LLV(LOW,60))+100;
VAR1A:=(CLOSE-LLV(LOW,15))/(HHV(HIGH,15)-LLV(LOW,15))*100;
VAR1B:=SMA((SMA(VAR1A,4,1)-50)*2,3,1);
VAR1C:=(INDEXC-LLV(INDEXL,14))/(HHV(INDEXH,14)-LLV(INDEXL,14))*100;
VAR1D:=SMA(VAR1C,4,1);
VAR1E:=SMA(VAR1D,3,1);
VAR1F:=(HHV(HIGH,30)-CLOSE)/CLOSE*100;
VAR20:=VAR18<=25 AND VAR19<-95 AND VAR1F>20 AND VAR1B<-30 AND VAR1E<30 AND VAR11-CLOSE>=-0.25 AND VAR15<22 AND VAR16<28 AND VAR17>50;
VAR21:=(HIGH+LOW+CLOSE)/3;
VAR22:=(VAR21-MA(VAR21,14))/(0.015*AVEDEV(VAR21,14));
VAR23:=(VAR21-MA(VAR21,70))/(0.015*AVEDEV(VAR21,70));
VAR24:=IF(VAR22>=150 AND VAR22<200 AND VAR23>=150 AND VAR23<200,10,0);
VAR25:=IF(VAR22<=-150 AND VAR22>-200 AND VAR23<=-150 AND VAR23>-200,-10,VAR24);
STICKLINE(VARD,VAR4,散户,5,0),, COLORRED;
STICKLINE(1,散户,0,1,0),,COLORYELLOW;
STICKLINE(1,新庄,100,1,0),, COLORGREEN;
STICKLINE(VAR20,0,80,5,0),LINETHICK 3,COLORRED,;
VAR26:=(CLOSE-LLV(LOW,27))/(HHV(HIGH,27)-LLV(LOW,27))*100;
VAR27:=REVERSE(VAR26);
VAR28:=SMA(VAR26,3,1);
```

上述代码中部分语句的解释如下：

VAR2赋值:1/以收盘价计算的获利盘比例；

VAR3赋值:收盘价的13日简单移动平均；

VAR4赋值:100-(收盘价-VAR3)/VAR3*100的绝对值；

VAR5赋值:75日内最低价的最低值；

VAR6赋值:75日内最高价的最高值；

VAR7赋值:(VAR5-VAR5)/100;

VAR8赋值:(收盘价-VAR5)/VAR7的20日[1日权重]移动平均;

VAR9赋值:(开盘价-VAR5)/VAR7的20日[1日权重]移动平均;

VARA赋值:3*VAR8-2*VAR8的15日[1日权重]移动平均;

VARB赋值:3*VAR9-2*VAR9的15日[1日权重]移动平均;

VARC赋值:100-VARB;

VARD赋值:散户>VAR4;

VARE赋值:1日前的最低价*0.9;

VARF赋值:最低价*0.9;

VAR10赋值:(VARF*成交量+VARE*(当前流通股本-成交量))/当前流通股本;

VAR11赋值:VAR10的30日指数移动平均;

VAR12赋值:收盘价-1日前的收盘价;

VAR13赋值:VAR12和0的较大值;

VAR14赋值:VAR12的绝对值;

VAR15赋值:VAR13的7日[1日权重]移动平均/VAR14的7日[1日权重]移动平均*100;

VAR16赋值:VAR13的13日[1日权重]移动平均/VAR14的13日[1日权重]移动平均*100;

VAR17赋值:收盘价的有效数据周期数;

VAR18赋值:VAR12和0的较大值的6日[1日权重]移动平均/VAR12的绝对值的6日[1日权重]移动平均*100;

VAR19赋值:(-200)*(60日内最高价的最高值-收盘价)/(60日内最高价的最高值-60日内最低价的最低值)+100;

VAR1A赋值:(收盘价-15日内最低价的最低值)/(15日内最高价的最高值-15日内最低价的最低值)*100;

VAR1B赋值:(VAR1A的4日[1日权重]移动平均-50)*2的3日[1日权重]移动平均;

VAR1C赋值:(大盘的收盘价-14日内大盘的最低价的最低值)/(14日内大盘的最高价的最高值-14日内大盘的最低价的最低值)*100;

VAR1D赋值:VAR1C的4日[1日权重]移动平均;

VAR1E赋值:VAR1D的3日[1日权重]移动平均;

VAR1F赋值:(30日内最高价的最高值-收盘价)/收盘价*100;

VAR20赋值:VAR18<=25 AND VAR19<-95 AND VAR1F>20 AND VAR1B<-30 AND VAR1E<30 AND VAR11-收盘价>=-0.25 AND VAR15<22 AND VAR16<28 AND VAR17>50;

VAR21赋值:(最高价+最低价+收盘价)/3;

VAR22赋值:(VAR21-VAR21的14日简单移动平均)/(0.015*VAR21的14日平均绝对偏差);

VAR23赋值:(VAR21-VAR21的70日简单移动平均)/(0.015*VAR21的70日平均绝对偏差);

VAR24赋值:VAR22>=150 AND VAR22<200 AND VAR23>=150 AND VAR23<200,返回10,

否则返回0；

VAR25赋值：AR22<=-150 AND VAR22>-200 AND VAR23<=-150 AND VAR23>-200，返回-10，否则返回VAR24；

VAR26赋值：(收盘价-27日内最低价的最低值)/(27日内最高价的最高值-27日内最低价的最低值)*100；

VAR27赋值：VAR26的相反数；

VAR28赋值；VAR26的3日[1日权重]移动平均；

上述代码编写完成后，在长城证券软件中的显示如图2-15所示。

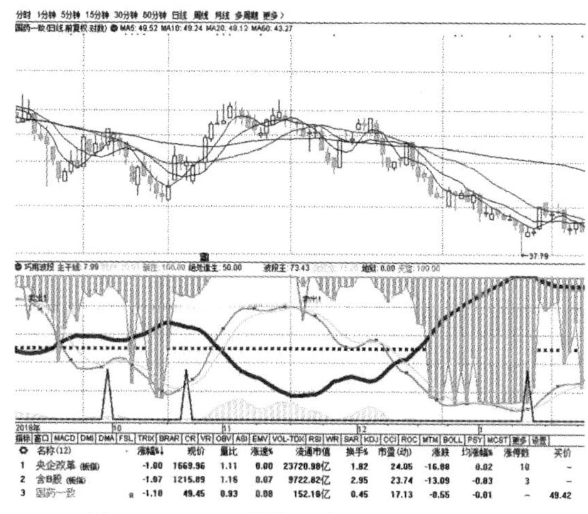

图2-15 用函数代码编写指标图形显示

实验：证券软件的操作

一、实验目的

1. 掌握K线的四个基本要素。
2. 用函数代码表示各种K线的形状。
3. 用函数代码表示基本的均线形态。
4. 掌握证券软件中公式管理器的使用。

二、实验内容与操作步骤

1. 用函数代码表示阴线、阳线的K线。
2. 用函数代码表示没有上影线但有下影线的阴线和阳线的K线。
3. 用函数代码表示标准“十”字的K线。
4. 用函数代码表示“T”、倒“T”字形的K线。

5. 用函数代码表示5日、10日、20日、60日均线为“空头”排列的形态。

6. 用函数代码表示5日、10日、20日、60日均线为“多头”排列的形态。

7. 参考MACD、KDJ等系统自带指标的函数代码公式，尝试在此基础上进行修改并在软件中进行显示。

第三章　Access应用基础

3.1　Access 2016概述

3.1.1　Access 2016简介

Access是Office系列软件中用来专门管理数据库的应用软件。所谓数据库是指经过组织的、关于特定主题或对象的信息集合。一个Access数据库文件中可以包含表、查询、窗体、报表、宏、模块以及数据访问页。Access 2016数据库使用单一的*.accdb文件管理所有的信息,这种针对数据库集成的最优化文件结构不仅包括数据本身,也包括了它的支持对象。Access应用程序就是一种功能强大且使用方便的关系型数据库管理系统,一般也称关系型数据库管理软件。它可运行于各种Windows系统环境中,由于它继承了Windows的特性,不仅易于使用,而且界面友好,如今在世界各地广泛流行。它并不需要数据库管理者具有专业的程序设计水平,任何非专业的用户都可以用它来创建功能强大的数据库管理系统。本章将专门介绍Access 2016的基本功能及其常用的操作,主要内容包括创建和使用数据库、数据表,建立和使用查询、窗体和报表等。

3.1.2　Access 2016的启动与退出

(1)Access 2016启动

单击Windows操作系统“开始”按钮,然后在“开始”菜单中选择“Access 2016”应用程序,即可启动Access 2016应用程序,进入Access界面,如图3-1所示。

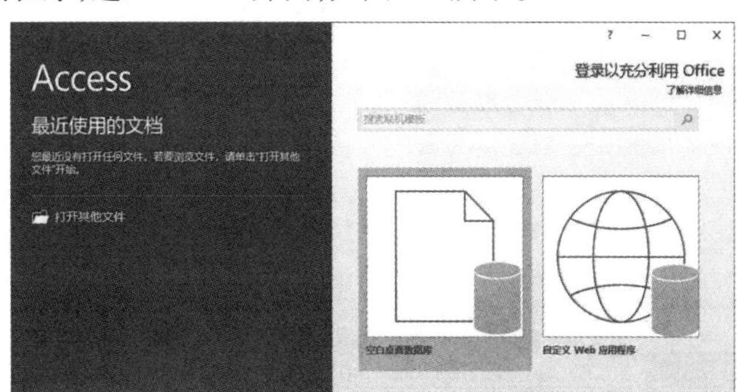

图3-1　Access启动界面

(2)退出Access 2016

当结束数据库操作时,为防止数据库数据丢失需要先关闭打开的数据库,再关闭Access窗口。退出Access 2016的方法有以下几种:

①单击标题栏右侧的“关闭”按钮;

②单击“文件”菜单,在弹出的菜单中选择“关闭”命令;

③按Alt + Space组合键,在弹出的快捷菜单中选择“关闭”命令;

④在任务栏中Access 2016程序按钮上右击鼠标,在弹出的快捷菜单中选择“关闭窗口”命令;

⑤依次按Alt、F和X键。

提示:在打开另一个数据库的同时,Access 2016将自动关闭当前的数据库。

3.1.3 Access 2016的窗口

启动Access 2016应用程序,首先会出现图3-1所示界面,选择创建“空白桌面数据库”,输入数据库名称,如图3-2所示。点击“创建”按钮,打开系统主窗口,如图3-3所示。

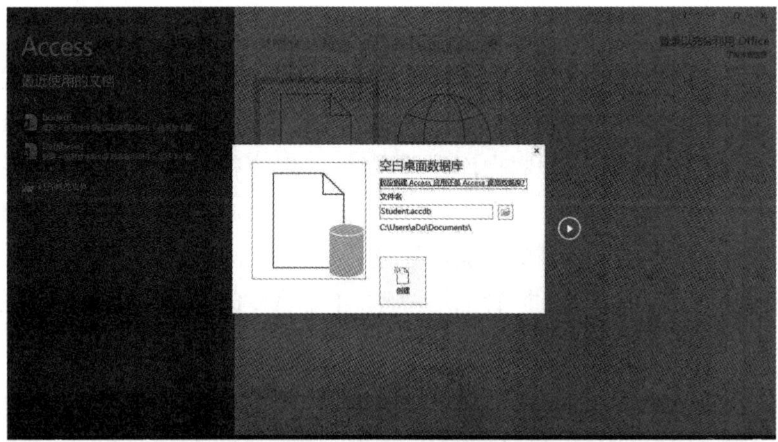

图3-2 创建数据库

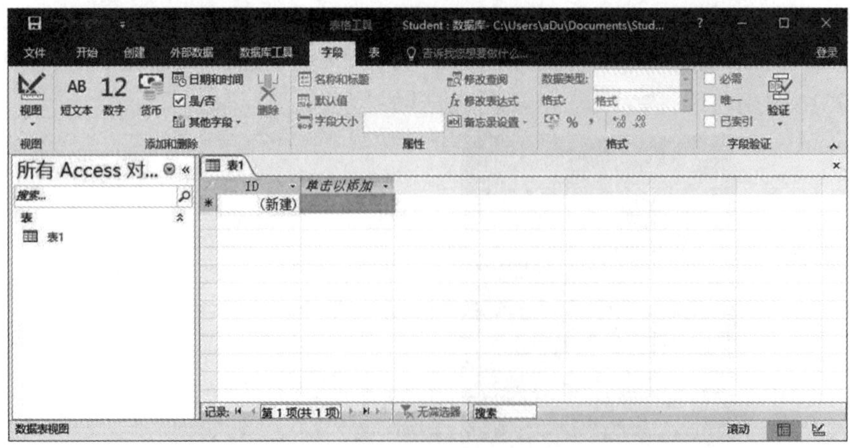

图3-3 系统主窗口

Access系统主窗口由快速访问工具栏、标题栏、功能区、工作区以及状态栏等部分构成。

1.标题栏：主要包括Access 2016标题，最大化、最小化及关闭窗口的按钮。

2.功能区：实际上是将软件的功能按照一定的规律进行整理之后分布到不同的选项卡之中，在选项卡中又按照具体功能分为不同的组，每个组中又包含一些按钮、下拉按钮和对话框启动器，如图3-4所示。

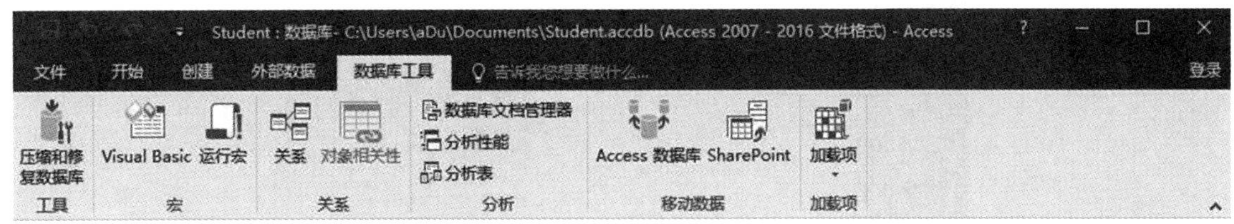

图3-4　功能区

3.快速访问工具栏：快速访问工具栏位于窗口的左上角，其中包括“保存”按钮、“撤销”按钮和“恢复”按钮等。

3.2　创建数据库和表

3.2.1　数据库文件的创建与保存

(1)数据库文件的创建

启动Access 2016应用程序，选择创建“空白桌面数据库”，输入数据库名称，如图3-2所示。点击“创建”按钮即可新建空白数据库。

如果没有进入图3-1所示的界面，或者在一个打开的Access文件中，可以单击“文件”选项卡中的“新建”选项卡，然后选择“空白桌面数据库”选项，新建空白数据库文件，如图 3-5所示。

图3-5　新建数据库

(2)数据库文件的保存

单击“文件”选项卡中的“另存为”选项卡，在该选项卡中有不同的选项，根据其中的描述就可以选择将数据库存储为不同类型或版本的文件，如图3-6所示。

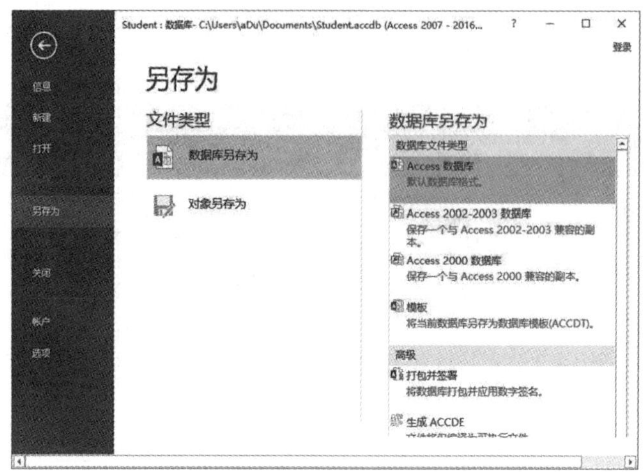

图3-6　“另存为”对话框

3.2.2　数据表的创建与使用

表是整个数据库的基本单位，同时它也是所有查询、窗体和报表的基础。简单来说，表就是特定主题的数据集合，它将具有相同性质或相关联的数据存储在一起，以行和列的形式来记录数据。

(1)创建新的数据表

选择“创建”选项卡，可以看到“表格”组中列出了用户可以用来创建数据表的方法，如图3-7所示。

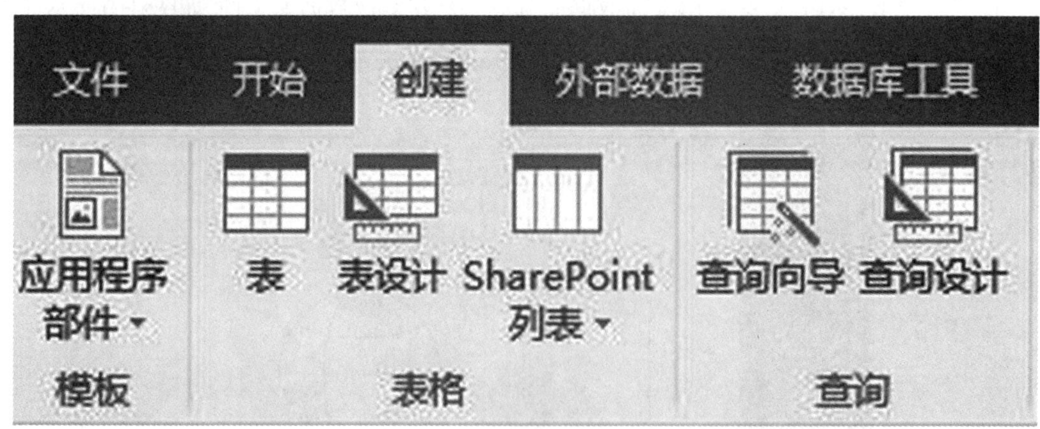

图3-7　创建数据表

(2)字段的类型

在Access 2016中提供了10余种字段类型，下面分别介绍这些字段的作用。

①文本:文本类型字段主要用于存储文字或文字和数字的组合,如住址;或是不需要计算的数字,如电话号码等,是最为常用的字段类型之一。它又分为短文本和长文本两种,主要区别是短文本的字段长度不能超过255个字符;

②数字:用于需要进行算术计算的数值数据,如年龄、成绩等。它又分为整型、长整型、单精度型和双精度型等,其中最常用的是长整型和双精度型;

③自动编号:如果在表中设计了自动编号字段,那么在表中新增一条记录之后,系统自动为其添加一个顺序编号,通过自动编号可以保证数据记录的唯一性;

④货币:用于存储一些与货币相关的数据,如价格等;

⑤是/否:即布尔类型,用于存储逻辑值。除此之外,还提供"真/假""是/否""开/关"3个选项;

⑥OLE对象:用于存储来自于Office或各种应用程序的图像、文档、图形和其他对象;

⑦日期/时间:用于日期和时间格式的字段,如出生日期等;

⑧计算:存放计算的结果。计算时必须引用同一张表中的其他字段。可以使用表达式生成器创建计算;

⑨超链接:用于存放通过超链接方式链接的对象,如通过这个超链接跳转的文档、网页等;

⑩附件:存储数字图像等二进制文件的首选数据类型;

⑪查阅向导:可以构建一个组合框来输入字段值,这个字段值可以是表、查询中的引用,也可以手动输入值。

(3)使用"表设计"创建数据表

使用表的"设计视图"来创建表主要是设置表的各个字段的属性。而它创建的仅仅是表的结构,各种数据记录还需要在"数据表视图"中输入。通常都是使用"设计视图"来创建表。下面将以创建一个"学生信息表"为例,说明使用表的"设计视图"创建数据表的操作步骤。

①打开数据库Student.accdb;

②点击"创建"→"表格"→"表设计"按钮,进入表的设计视图,如图3-8所示;

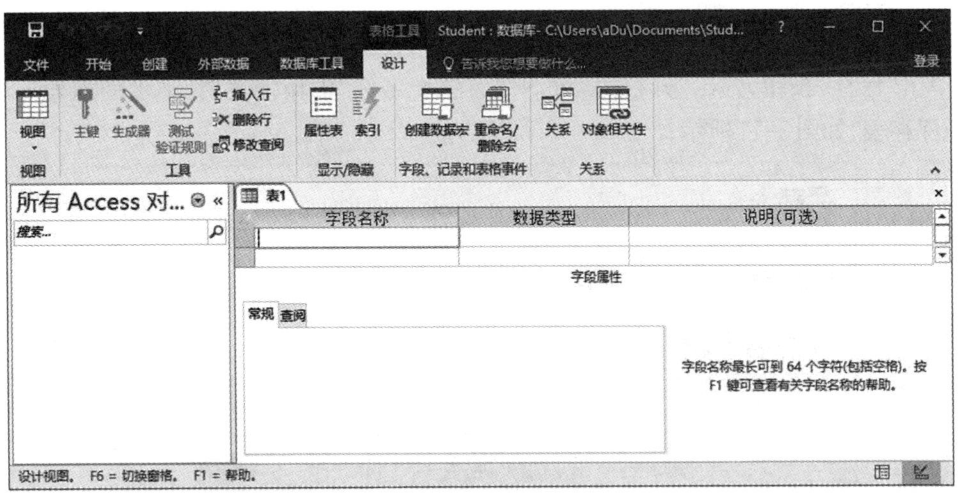

图3-8　表的设计视图

③在“字段名称”栏中输入字段名“学号”，在“数据类型”下拉列表框中选择该字段的类型为“文本”，在“说明”栏中的输入为选择性输入，可以不输入，如图3-9所示；

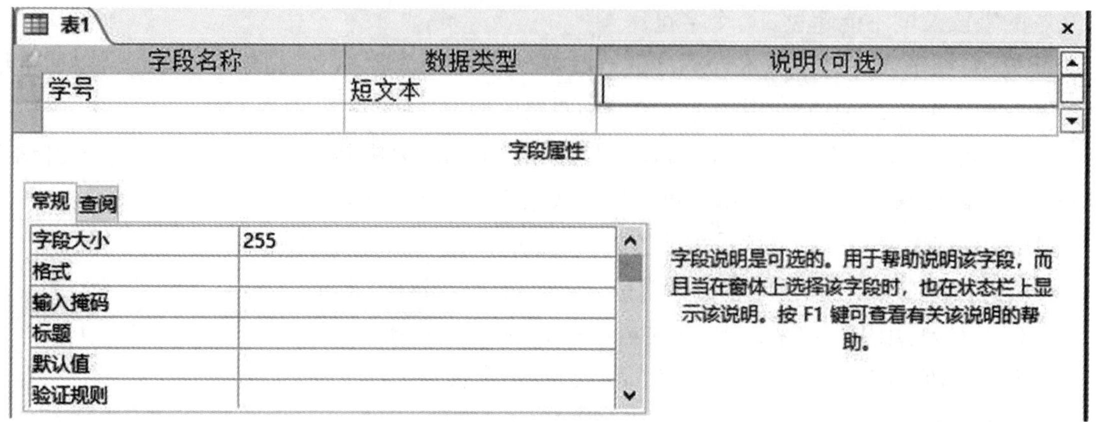

图3-9　字段设置

④用同样的方法，输入其他字段的名称，并设置其相应的数据类型，如图3-10所示；

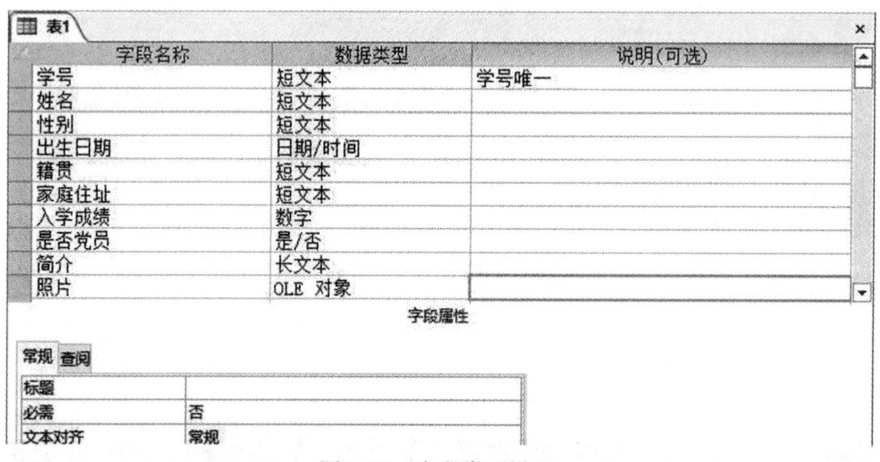

图3-10　字段类型设置

⑤单击“保存”按钮，弹出“另存为”对话框，在“表名称”中输入表名“学生信息表”，单击“确定”按钮保存表，如图3-11所示；

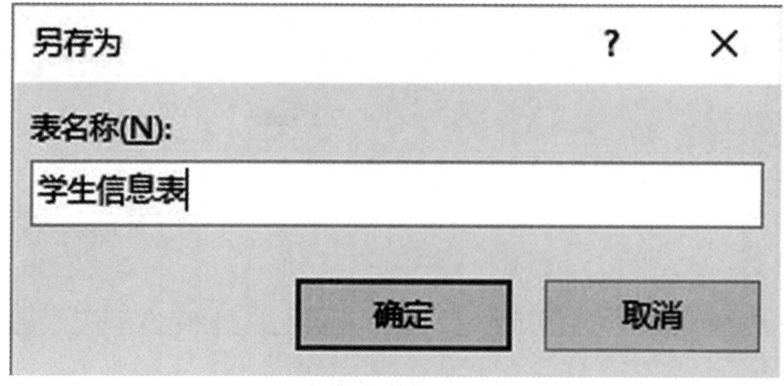

图3-11　保存表

⑥这时弹出的对话框提示尚未定义主键，单击“否”按钮，暂时不设定主键；

⑦单击屏幕左上方的“视图”→“数据表视图”按钮，切换到“数据表视图”，如图3-12所示。在各字段中输入数据即可。

学生信息表

学号	姓名	性别	出生日期	籍贯	家庭住址	入学成绩	是否党员	简介	照片
2018010101	张红	女	2000/2/25	山东济南	山东省济南市天桥区北园大街	526	☐		itmap Image
2018010102	宋鹏程	男	1999/8/16	北京	北京市丰台区六里桥	490	☑		itmap Image
2018010103	王刚	男	2001/1/9	重庆	重庆市沙坪坝区小龙坎	531	☐		itmap Image
2018010201	李思思	女	2000/5/12	广东广州	广东省广州市珠海区南州路	507	☑		itmap Image
2018010202	魏敏	女	1999/11/6	湖南长沙	湖南长沙市开福区太阳山路	493	☑		itmap Image
2018020101	王媛媛	女	2000/7/7	重庆	重庆市江北区观音桥	499	☐		itmap Image
2018020102	陈悦	男	2000/10/22	四川成都	四川省成都市金牛区人民北路	518	☐		画笔图片
						0	☐		

图3-12　学生信息表

用同样的方法建立数据表“学生成绩表”，如图3-13所示。

学生成绩表

学号	课程名称	考试方式	成绩
2018010101	大学英语	考试	88
2018010102	大学英语	考试	75
2018010103	大学英语	考试	94
2018010201	大学英语	考试	83
2018010202	大学英语	考试	60
2018010101	高等数学	考试	68
2018010202	高等数学	考试	87
2018010201	高等数学	考试	54
2018020102	会计学	考查	82
2018010101	会计学	考查	91
2018010202	大学物理	考试	69
2018010103	大学物理	考试	87

图3-13　学生成绩表

3.2.3　修改数据表结构

(1)利用设计视图更改表的结构

运用“设计视图”更改表的结构和用“设计视图”创建表的原理是一样的，两者的不同之处在于在运用“设计视图”更改表的结构之前，系统已经创建了字段，仅需要对字段进行添加或删除操作。

首先，打开数据表所在数据库，在左边的导航窗格中鼠标双击需要修改的数据表。然后，单击“开始”→“视图”→“设计视图”按钮，进入表的“设计视图”。最后，在此实现对字段的添加、删除和修改等操作，也可以对“字段属性”进行设置。操作界面如图3-14所示。

字段名称	数据类型	说明(可选)
学号	短文本	学号唯一
姓名	短文本	
性别	短文本	
出生日期	日期/时间	
籍贯	短文本	
家庭住址	短文本	
入学成绩	数字	
是否党员	是/否	
简介	长文本	

字段属性

常规 查阅

字段大小	255
格式	
输入掩码	
标题	
默认值	
验证规则	
验证文本	
必需	否
允许空字符串	是
索引	无
Unicode 压缩	是
输入法模式	开启
输入法语句模式	无转化
文本对齐	常规

字段名称最长可到 64 个字符(包括空格)。按 F1 键可查看有关字段名称的帮助。

图3-14 修改表结构

(2)设置数据的验证规则

系统数据的“验证规则”对输入的数据进行检查,如果录入了无效的数据,系统将立即给予提示,提醒用户更正,以减少系统的错误。例如,在“验证规则”属性中输入“>100 And <1000”会强制用户输入100~1000之间的值。“验证规则”往往与“验证文本”配合使用,当输入的数据违反了“验证规则”时,则给出“验证文本”规定的提示文字。“入学成绩”字段的验证规则设置,如图3-15所示。

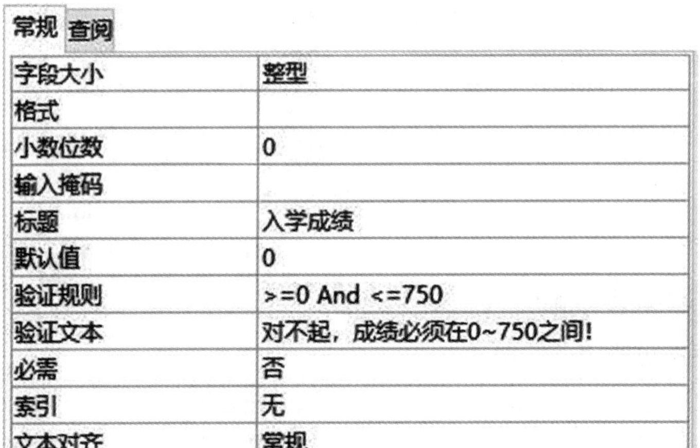

常规 查阅

字段大小	整型
格式	
小数位数	0
输入掩码	
标题	入学成绩
默认值	0
验证规则	>=0 And <=750
验证文本	对不起,成绩必须在0~750之间!
必需	否
索引	无
文本对齐	常规

图3-15 验证规则

(3)设置数据表主键

主键是表中的一个字段或字段集,它为Access 2016中的每一条记录提供了一个唯一的标识符,是为提高Access在查询、窗体和报表中的快速查找能力而设计的。设定主键的目的,就在于能够保证表中的记录能够被唯一识别。

首先,将数据表打开并进入“设计视图”,选择要作为主键的一个字段或者多个字段,例如将“学生信息表”中的“学号”选中。然后,单击“设计”→“工具”→“主键”按钮,或者单击鼠标右键,在弹出的快捷菜单中选择“主键”命令，为数据表定义主键，如图3-16所示。

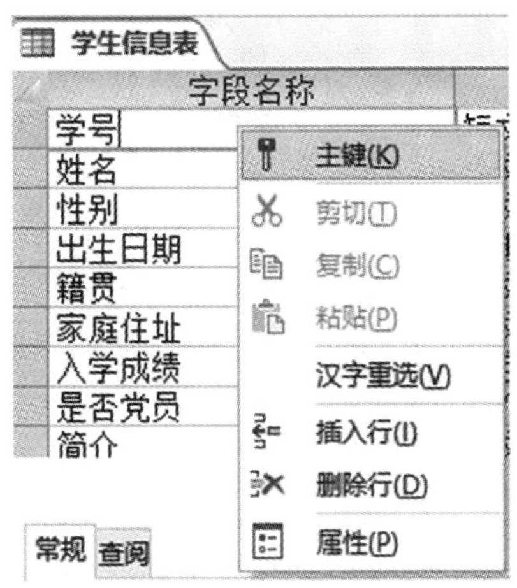

图3-16　设置主键

如果要更改主键，可以先删除现有主键，再重新指定新的主键。删除主键的方法与设置的方法相同，在“设计视图”中选择已建的主键字段，单击“设计”→“工具”→“主键”按钮，即可删除。

删除的主键必须是没有参与任何“表关系”的，如果要删除的主键和某个表建立了表关系，Access 2016会警告必须先删除该关系。

3.2.4　建立表之间的关系

(1)表间关系

建立表间关系，能将不同表中的相关数据联系起来，为建立查询、创建窗体或报表打下良好基础。表关系是数据库中非常重要的一部分，甚至可以说，表关系就是Access作为关系型数据库的根本。表间的关系一般都定义成一对多的关系，一端表作为主表，如“学生信息表”，多端表作为相关表，如“学生成绩表”。关系是通过两个表间的公有字段建立的，如“学号”字段。一般情况下，主表的主关键字是另一个表的字段，从而形成一对多的关系。

(2)建立表间联系

①在“数据库窗口”中，单击“数据库工具”→“关系”→“关系”按钮，进入“显示表”对话框；

②在“表”选项卡中，选定要创建关系的表，点击“添加”按钮，将“学生信息表”和“学生成绩表”添加到关系窗口中，如图3-17所示；

③关闭“显示表”对话框；

④在关系窗口中，选定主表(学生信息表)中起关联作用的“学号”字段，按住左键拖动到相关表(学生成绩表)对应字段“学号”的上面，松开鼠标，弹出“编辑关系”对话框，如图3-18所示；

图3-17　添加表

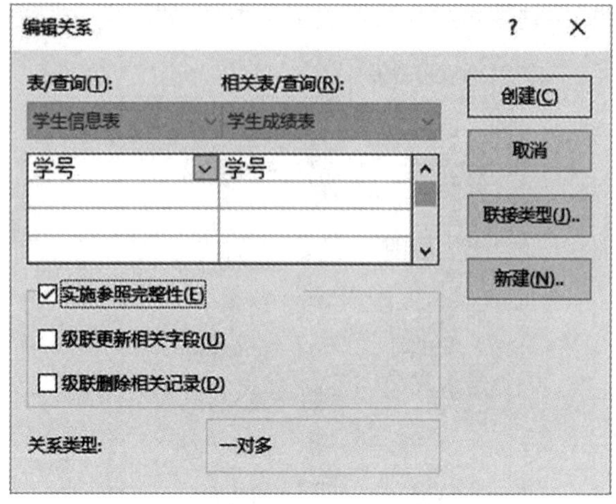

图3-18　编辑关系

⑤选中“实施参照完整性”,单击“创建”按钮,在“学生信息表”和“学生成绩表”之间出现一线条,表示两表建立了关系,如图3-19所示;

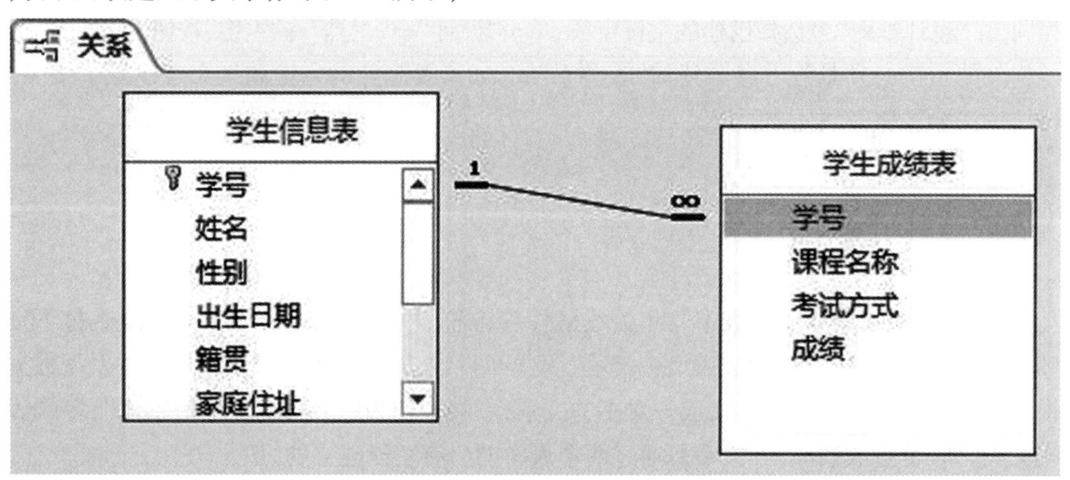

图3-19　表之间的关系

⑥保存数据库。

(3)删除关系

①单击“数据库工具”→“关系”→“关系”按钮,打开“关系”窗口;

②单击要删除的关系线段,使之变成粗线;

③按Del键,在弹出的对话框中选择“是”,即可删除。

3.3　查询设计

查询就是依据一定的查询条件,对数据库中的数据信息进行查找。查询与表一样,都是数据库的对象,它允许用户依据准则或查询条件抽取表中的记录与字段。Access 2016 中的查询可以对一个数据库中的一个或多个表中存储的数据信息进行查找、统计、计算、排序等。

有多种设计查询的方法,用户可以通过查询设计器或查询设计向导来设计查询。

Access 2016 提供多种查询方式,查询方式可分为选择查询、参数查询、交叉表查询、重复项查询、不匹配查询、操作查询、SQL特定查询以及多表之间进行的关系查询。这些查询方式总结起来有4类:选择查询、特殊用途查询、操作查询和SQL专用查询。

3.3.1 使用查询向导创建选择查询

(1)打开数据库窗口,单击“创建”→“查询”→“查询向导”按钮,弹出“新建查询”对话框,如图3-20所示;

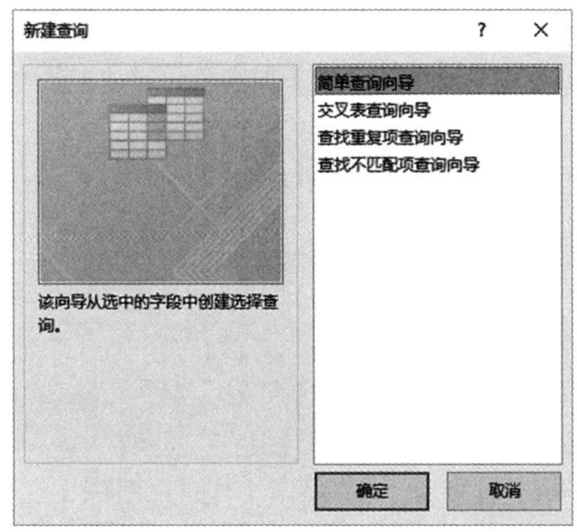

图3-20 新建查询

(2)选择“简单查询向导”,单击“确定”按钮,打开“简单查询向导”对话框,如图3-21所示;

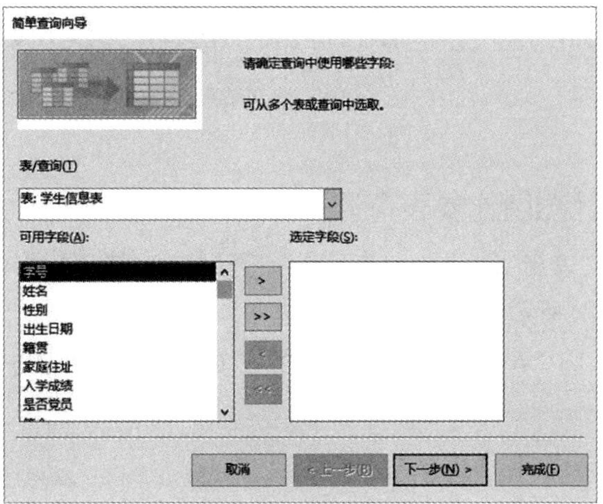

图3-21 查询向导

(3)将“可用字段”中要查询的字段添加到“选定字段”中，如图3-22所示；

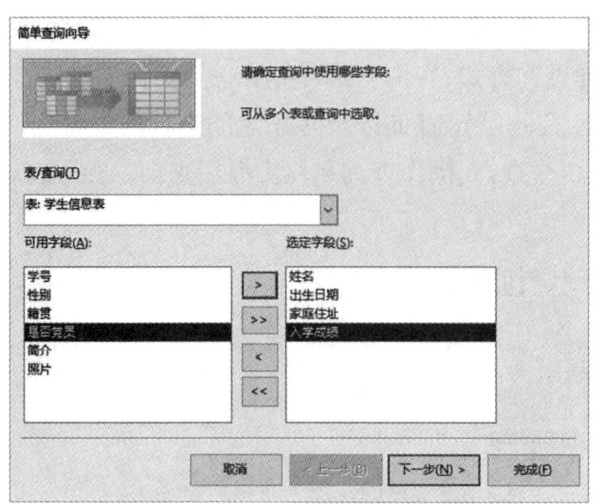

图3-22　选择字段

(4)按照向导提示单击“下一步”按钮，采用默认项，直到“完成”为止，显示查询结果，如图3-23所示。

学生信息表 查询

姓名	出生日期	家庭住址	入学成绩
张红	2000/2/25	山东省济南市天桥区北园大街	526
宋鹏程	1999/8/16	北京市丰台区六里桥	490
王刚	2001/1/9	重庆市沙坪坝区小龙坎	531
李思思	2000/5/12	广东省广州市珠海区南州路	507
魏敏	1999/11/6	湖南长沙市开福区太阳山路	493
王媛媛	2000/7/7	重庆市江北区观音桥	499
陈悦	2000/10/22	四川省成都市金牛区人民北路	518

图3-23　查询结果

3.3.2　用查询设计器创建多表查询

(1)打开数据库窗口，单击“创建”→“查询”→“查询设计”按钮，弹出“显示表”对话框，如图3-24所示；

(2)在“表”选项卡中，将“学生信息表”和“学生成绩表”添加到查询窗口中，如图3-25所示；

图3-24　显示表

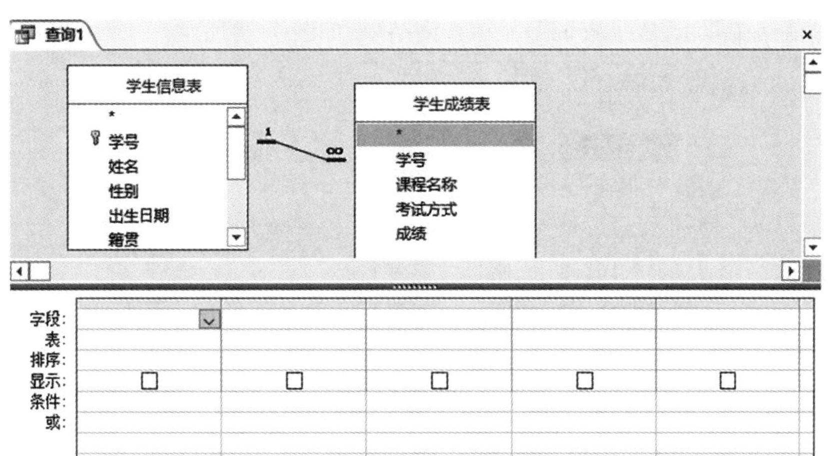

图3-25 查询设计器

(3)在设计网格中添加查询字段,设置查询结果的排序,如图3-26所示;

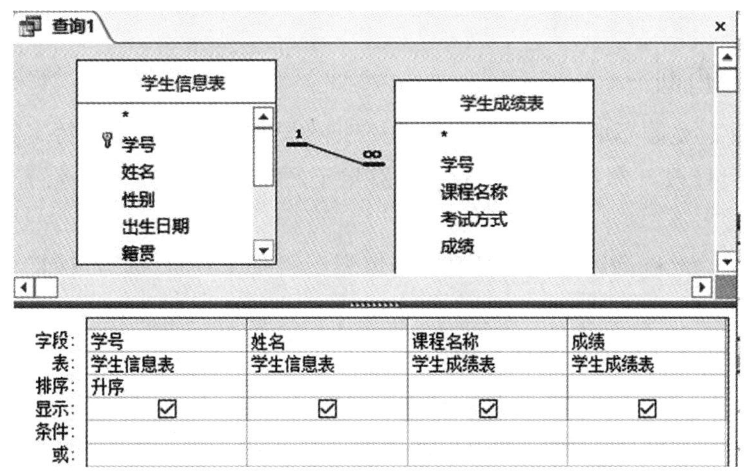

图3-26 设置查询

(4)保存查询,如图3-27所示;

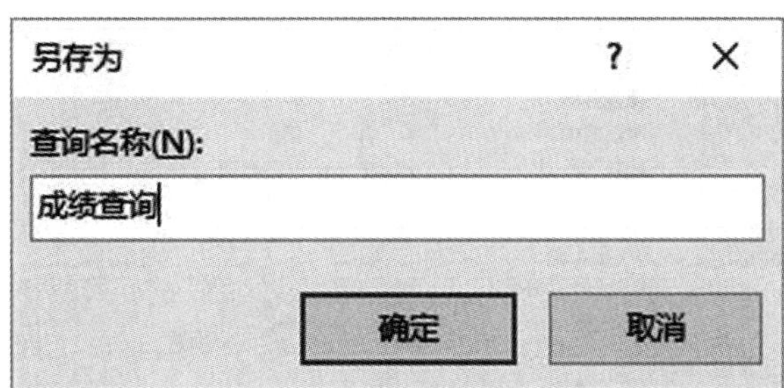

图3-27 保存查询

(5)在左侧窗格中双击“成绩查询”,显示查询结果,如图3-28所示。

成绩查询

学号	姓名	课程名称	成绩
2018010101	张红	会计学	91
2018010101	张红	高等数学	68
2018010101	张红	大学英语	88
2018010102	宋鹏程	大学英语	75
2018010103	王刚	大学物理	87
2018010103	王刚	大学英语	94
2018010201	李思思	高等数学	54
2018010201	李思思	大学英语	83
2018010202	魏敏	大学物理	69
2018010202	魏敏	高等数学	87
2018010202	魏敏	大学英语	60
2018020102	陈悦	会计学	82

图3-28 查询结果

3.3.3 参数查询

数据查询并非总是静态地提取统一信息,用户把搜索类别输入到一个特定的对话框中,就能在运行查询时进行修改。例如,当用户希望能够指定所需要的数据组时,就需要使用一个参数查询。

另一个特殊用途的查询就是把字段值自动填充到相关表中的“自动查询”。“自动查询”通过查找用户输入在匹配字段中的数值,并把用户指定的信息输入到相关表的字段中。例如,用户想要利用姓名查询学生个人信息。具体步骤如下:

(1)打开查询设计器,将数据表添加到查询窗口中,如图3-25所示;

(2)添加字段,并给出查询条件,如图3-29所示;

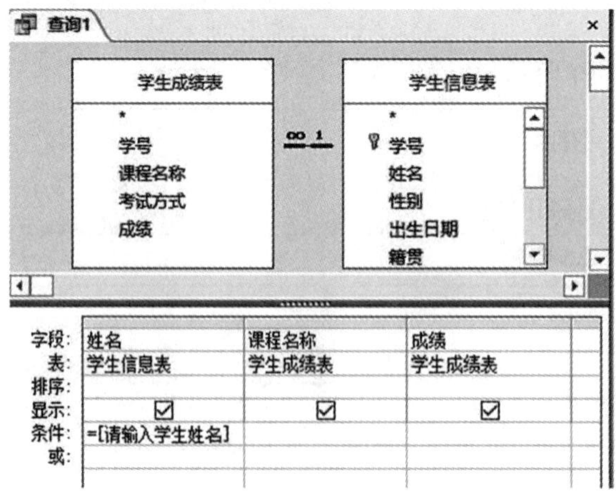

图3-29 添加条件

(3)运行查询,输入参数,如图3-30所示;

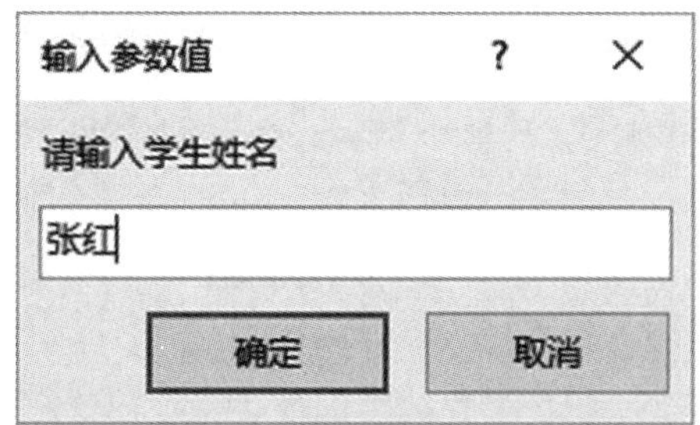

图3-30 参数查询

(4)显示查询结果,如图3-31所示;

查询1

姓名	课程名称	成绩
张红	大学英语	88
张红	高等数学	68
张红	会计学	91

图3-31 查询结果

(5)保存查询为“按姓名查询成绩”。

3.4 窗体设计

3.4.1 窗体基础知识

窗体就是程序运行时的Windows窗口,在应用系统设计时称为窗体。通过窗体,用户可以方便地输入数据、编辑数据、显示统计和查询数据,是人机交互的窗口。窗体的设计最能展示设计者的能力与个性,好的窗体结构能使用户方便地进行数据库操作。此外,利用窗体可以将整个应用程序组织起来,控制程序流程,形成一个完整的应用系统。

3.4.2 创建窗体

与表和查询的创建相同,窗体的创建也是在“创建”选项卡中完成的。如图3-32所示,在“创建”选项卡“窗体”组中,提供了窗体、窗体设计、空白窗体、窗体向导、导航和其他窗体等窗体创建选项。

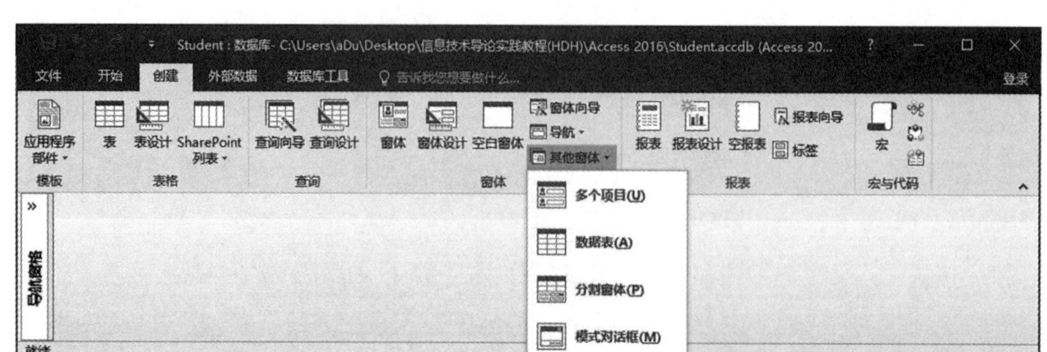

图3-32　创建窗体选项

窗体:创建一个新窗体,该窗体一次显示一条信息,并且可以对这条信息进行编辑。使用该命令必须使用一个表、查询、窗体或者报表作为数据源。

窗体设计:创建一个新的空白窗体,并在设计视图中显示该窗体。

空白窗体:创建一个空白窗体,并在布局视图中显示该窗体。同时,“字段列表”窗体也将显示出来,通过“字段列表”窗格可以向窗体中添加字段。

窗体向导:通过窗体向导命令,可以在创建窗体时,对窗体中的字段、窗体名称等进行设置,创建一些已经定义好布局格式的窗体。

导航:在完成之后的数据库应用程序中,是不会显示导航窗格的,这时候就可以使用导航窗格来实现数据库对象之间的快速跳转。

其他窗体:在其他窗体下拉按钮中,罗列了一些其他常用的窗体模式,通过这些窗体创建工具可以快速创建对应的窗体。

在学生数据库Student.accdb中,以“学生信息表”和“学生成绩表”作为数据源,使用“窗体向导”创建如图3-39所示的窗体。

(1)单击“创建”→“窗体”→“窗体向导”按钮,弹出“窗体向导”对话框,如图3-33所示;

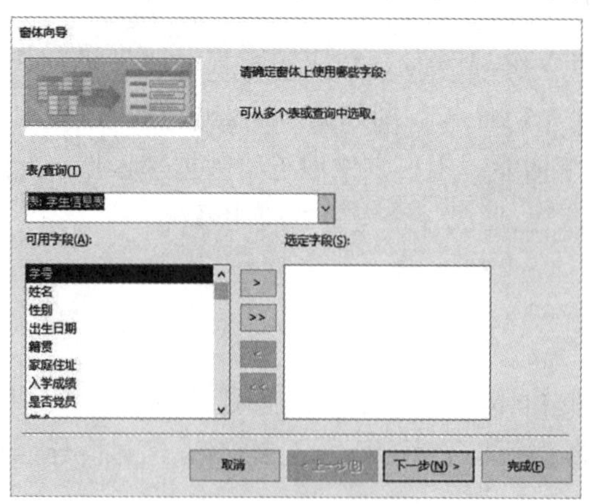

图3-33　窗体向导

(2)打开“表/查询”下拉列表,从中选择“表:学生信息表”,将可用字段中需要的字段添加到选定字段中。再打开“表/查询”下拉列表,从中选择“表:学生成绩表”,将可用字段中需要的字段添

加到选定字段中,如图3-34所示;

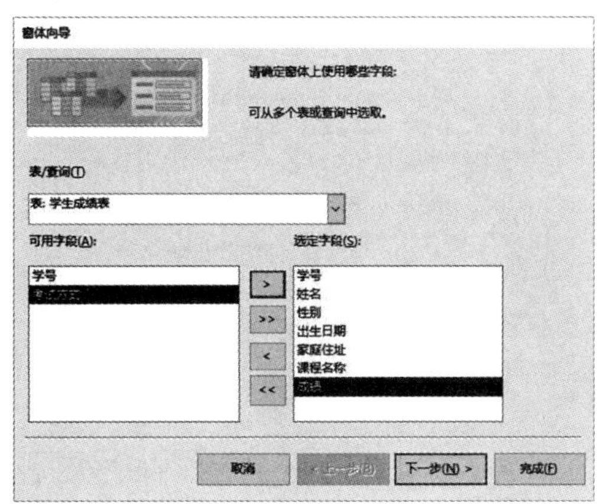

图3-34 选定表和字段

(3)单击“下一步”按钮,弹出如图3-35所示的窗体向导对话框,选择“带有子窗体的窗体”单选项;

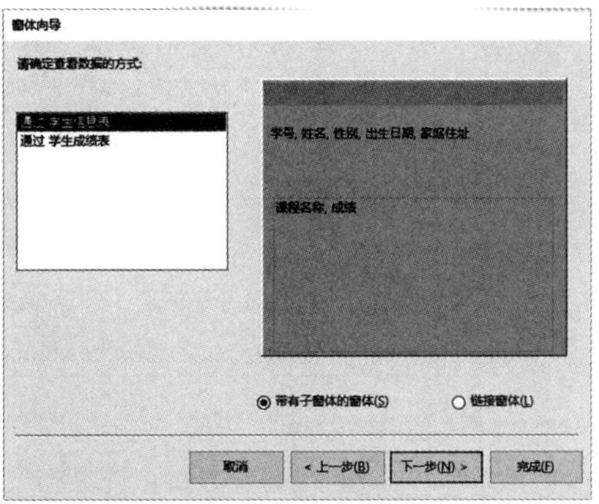

图3-35 查看数据的方式

(4)单击“下一步”按钮,弹出如图3-36所示的窗体布局对话框,选择“数据表”单选项;

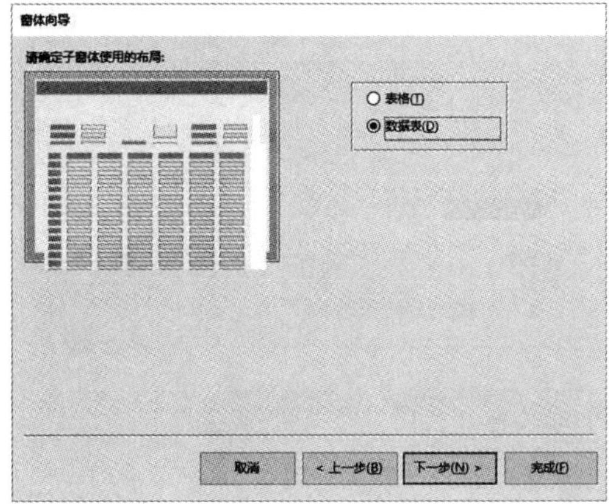

图3-36 窗体布局

(5)单击“下一步”按钮，弹出如图3-37所示的对话框，为窗体和子窗体指定标题；

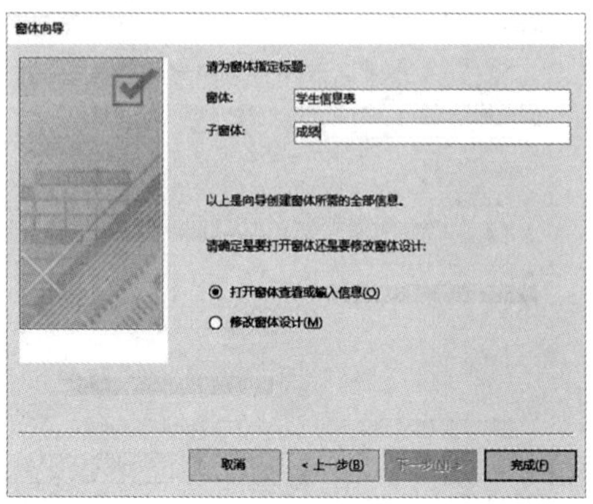

图3-37　窗体的标题

(6)单击“完成”按钮，单击“视图”→“设计视图”按钮，进入窗体的设计视图，调整各控件的位置及大小，如图3-38所示；

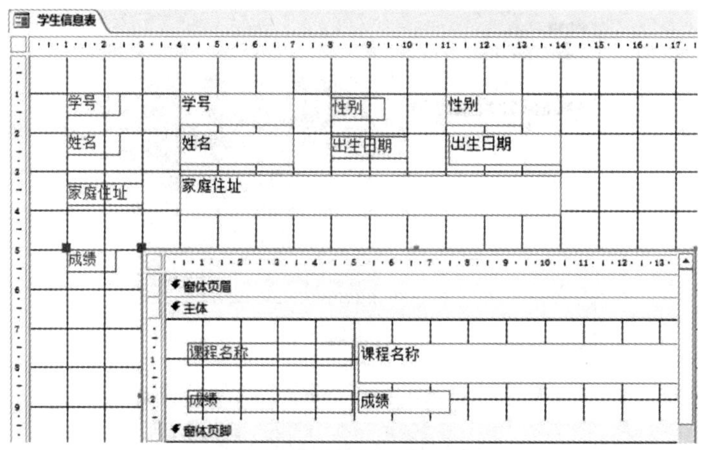

图3-38　调整控件

(7)单击“开始”→“视图”→“窗体视图”命令，查看结果如图3-39所示。

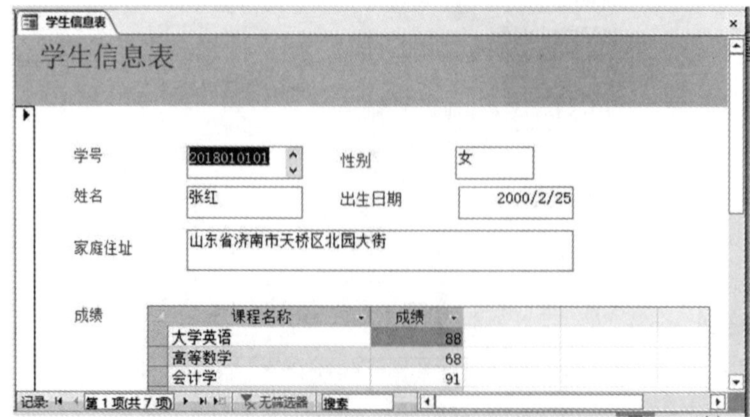

图3-39　查看结果

3.5 报表设计

一个完整的数据库系统应该有打印输出的功能，报表是Access数据库中的一个对象，它根据指定的规则打印输出格式化的数据信息。

3.5.1 创建自动报表

Access“自动报表”方式是创建报表最快捷的方法，利用创建自动报表向导可以创建基于单个表或查询生成包含来自该数据的所有字段和记录的报表。通过“自动报表”方式，根据“学生信息表”表创建“学生信息”报表对象。操作步骤如下：

(1)打开学生数据库Student.accdb，在数据库窗口“对象”栏选中“表”对象中的“学生信息表”；

(2)单击“创建”→“报表”→“报表”按钮，自动生成“学生信息表”的报表，如图3-40所示；

学生信息表

学生信息表 2018年2月9日 13:55:57

学号	姓名	性别	出生日期	籍贯	家庭住址	入学成绩	是否党员	简介
2018010102	宋鹏程	男	1999/8/16	北京	北京市丰台区六里桥	490	☑	
2018010103	王刚	男	2001/1/9	重庆	重庆市沙坪坝区小龙坎	531	☐	
2018010201	李思思	女	2000/5/12	广东广州	广东省广州市珠海区南州路	507	☑	
2018010202	魏敏	女	1999/11/6	湖南长沙	湖南长沙市开福区太阳山路	493	☑	

图3-40 学生信息报表

(3)保存为“学生信息”报表文件。

3.5.2 通过向导创建报表

自动报表虽然快捷，但数据来源只能是一个表或查询，如果数据来源于多个表或查询时，可以使用报表向导生成用户所需的报表。利用向导创建“学生成绩”报表，数据源为“学生信息表”和“学生成绩表”，显示“学号”“姓名”“课程名称”“成绩”字段的数据。操作步骤如下：

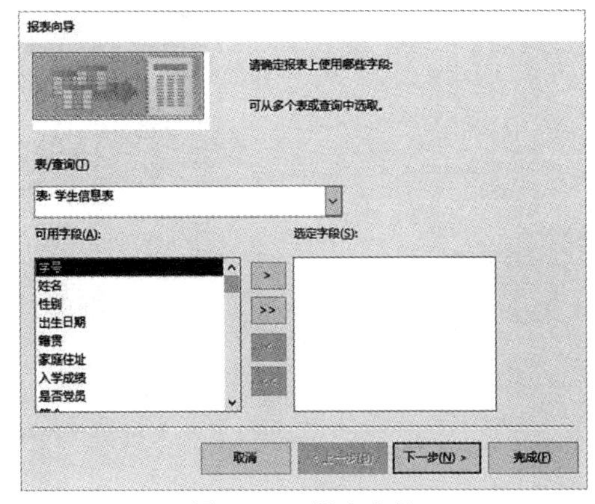

图3-41 报表向导

(1)打开学生数据库Student.accdb；

(2)单击“创建”→“报表”→“报表向导”按钮，弹出“报表向导”对话框，如图3-41所示；

(3)选定“学生信息表”中的“学号”“姓名”字段和“学生成绩表”中的“课程名称”“成绩”字段，如

图3-42所示；

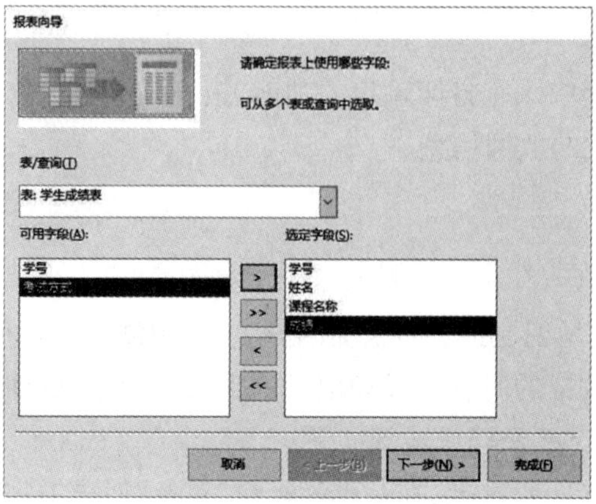

图3-42　选定字段

(4)单击“下一步”按钮，弹出查看数据方式的对话框，选择“通过学生信息表”，如图3-43所示；

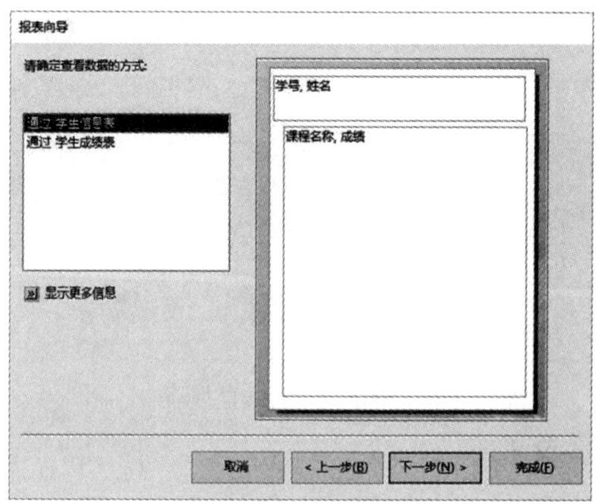

图3-43　查看方式

(5)单击“下一步”按钮，弹出“是否添加分组级别”对话框，不选择分组；

(6)单击“下一步”按钮，弹出排序对话框，选择按“成绩”升序排列，如图3-44所示；

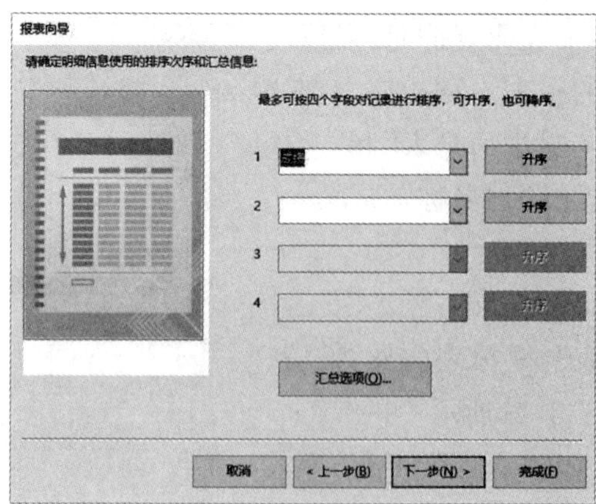

图3-44　排序方式

(7)单击“下一步”按钮，弹出布局方式对话框，选择布局为“大纲”，方向为“纵向”，如图3-45所示；

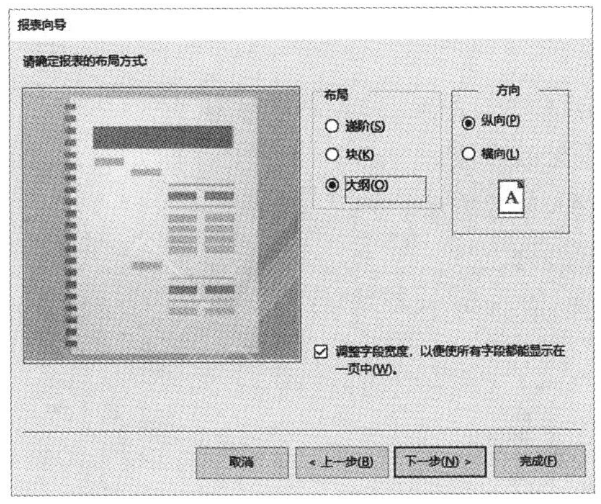

图3-45　布局方式

(8)单击“下一步”按钮，弹出标题对话框，输入报表标题为“学生成绩”，如图3-46所示；

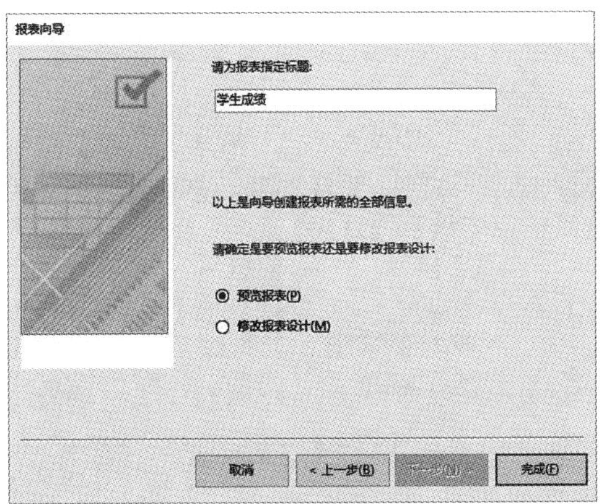

图3-46　输入标题

(9)单击“完成”按钮，生成报表对象，如图3-47所示。

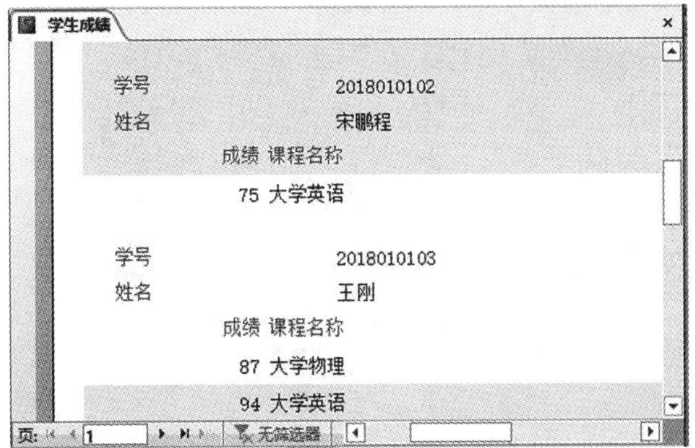

图3-47　学生成绩报表

实验:Access 2016基本操作

一、实验目的

1.掌握数据库的创建方法。

2.掌握数据表的创建及修改方法。

3.掌握查询文件的创建及修改方法。

4.掌握窗体文件的创建及修改方法。

5.掌握报表文件的创建及修改方法。

二、实验内容及操作步骤

1.创建图书管理数据库(bookgl.accdb)。

2.在图书管理数据库中创建数据表“图书”“读者”“借阅”,其中,图书表的主键是图书编号,读者表的主键是借书证号,借阅表的主键是借书证号和图书编号。各表的数据如图3-48、图3-49、图3-50所示。

图书

图书编号	分类号	书名	作者	出版社	单价
201501011	01	VFP程序设计	黄一铭	重大出版社	￥23.00
201612121	01	C语言程序设计	李晓	西南大学出版	￥32.00
201705122	02	红楼梦	曹雪芹	人民出版社	￥108.00
201510017	02	围城	钱钟书	人民出版社	￥88.00
201405078	03	神秘的宇宙	TIMOS	水利出版社	￥77.00
201411062	04	大学物理	秦隐	高教出版社	￥21.00

图3-48 图书表

读者

借阅证号	姓名	性别	职称	单击以添加
10001	王晓东	男	教授	
10002	万山	男	副教授	
10003	张茵茵	女	教授	
10004	于帆	女	讲师	
10005	楼春花	女	讲师	

图3-49 读者表

借阅证号	图书编号	借阅日期
10001	201612121	2018/5/2
10002	201501011	2018/6/1
10003	201405078	2018/6/1
10001	201510017	2018/5/21
10004	201411062	2018/6/1
10004	201705122	2018/5/22
10001	201405078	2018/5/15

图3-50　借阅表

3.创建单表查询,在“图书”表中查询各个出版社的图书信息。

4.创建多表查询,查询所有读者的借阅信息(包括所借图书的编号、书名、作者、借阅日期)。

5.创建参数查询,按“姓名”查询读者的借书情况(包括所借图书的编号、书名、作者、借阅日期)。

6.创建“读者借阅”数据表样式的窗体,如图3-51所示。

借阅证号	姓名	借阅日期	书名	作者	出版社	单价
10001	王晓东	2018/5/2	C语言程序设计	李晓	西南大学出版社	￥32.00
10002	万山	2018/6/1	VFP程序设计	黄一铭	重大出版社	￥23.00
10003	张茵茵	2018/6/1	神秘的宇宙	TIMOS	水利出版社	￥77.00
10001	王晓东	2018/5/21	围城	钱钟书	人民出版社	￥88.00
10004	于帆	2018/6/1	大学物理	秦隐	高教出版社	￥21.00
10004	于帆	2018/5/22	红楼梦	曹雪芹	人民出版社	￥108.00
10001	王晓东	2018/5/15	神秘的宇宙	TIMOS	水利出版社	￥77.00

图3-51　“读者借阅”窗体

7.利用报表向导创建“读者借阅”报表,并在报表设计视图中调整报表控件的位置及大小,如图3-52所示。

读者借阅

姓名	书名	借阅日期	图书编号	作者
万山	VFP程序设计	2018/6/1	201501011	黄一铭
王晓东	神秘的宇宙	2018/5/15	201405078	TIMOS
	围城	2018/5/21	201510017	钱钟书
	C语言程序设计	2018/5/2	201612121	李晓
于帆	红楼梦	2018/5/22	201705122	曹雪芹
	大学物理	2018/6/1	201411062	秦隐
张茵茵	神秘的宇宙	2018/6/1	201405078	TIMOS

2018年2月9日　　共 1 页,第 1 页

图3-52　“读者借阅”报表

第四章　VBA设计基础

4.1　VBA简介

VBA(Visual Basic for Application)是Visual Basic的一种宏语言,是微软开发在其桌面应用程序中执行的通用的自动化任务的编程语言,其主要用于扩展基于Windows操作系统的Office软件应用程序的功能,是一种可视化的Basic语言脚本。

VBA于1993年由微软研发创建,当时VB(Visual Basic)程序设计语言非常流行。事实上,VBA是寄生于VB程序设计语言的新版本。微软在1994年发行的Excel 5.0版本中就具备了VBA的宏功能。

在Office 2016中,VBA适用于其所有应用程序,包括Word、Excel、PowerPoint、Access、Outlook及Project等,在这些应用程序中建立和管理VBA都具有统一的方法和标准。

VBA是事件驱动的,也就是说,事件能激活VBA模块。当鼠标被单击、键盘的某个键被按下或者表单被打开,都能激活VBA模块。当事件发生时,VBA调用Windows操作系统中的功能去实现模块中被书写好的代码。模块是书写和存储VBA代码的地方,可以将一段具有某种功能的代码放入模块中,当指定的事件激活模块时,模块内的代码会被执行。

4.1.1　VBA语言的构成

VBA中,程序是由过程组成的,过程是根据VBA规则书写的指令组成。一个程序包括语句、变量、运算符、函数、数据库对象、事件等基本要素。在Access 2016中,当某些操作不能使用Access对象来实现时,可以利用VBA语言编写代码,放入模块中,模块被激活时可以运行代码来实现相应功能。

4.1.2　VBA程序编辑环境

Access利用Visual Basic编辑器(VBE)来编写过程代码。VBE利用Visual Basic平台环境为基础,完成脚本代码的编辑、调试和编译等功能。

所有Office的应用软件都支持Visual Basic编辑器(VBE),其布局基本一致,在不同的软件中都可使用VBE来创建并编辑代码过程。

在Access 2016中,选中"创建"选项卡,在"宏与代码"选项中点击"Visual Basic",弹出如图4-1

所示的界面,此界面就是VBA程序编辑环境VBE。

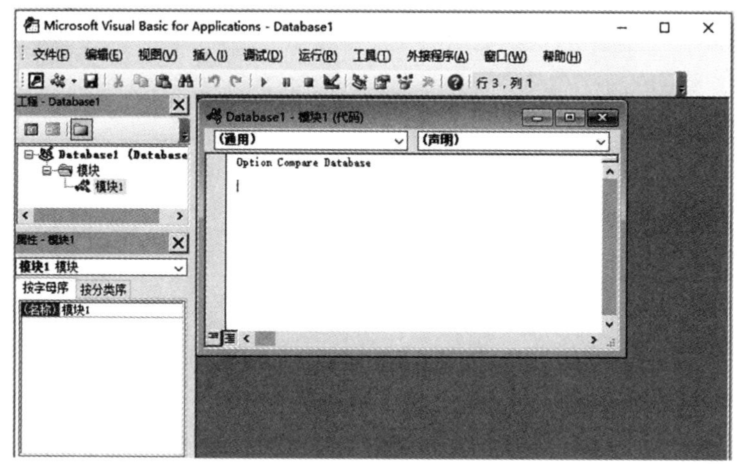

图4-1 VBE编辑环境

在VBE中,界面上方是菜单栏和工具栏,其使用方法与Access 2016的使用方法一致,界面中新增了"工程资源管理窗口""属性窗口""对象组合框""过程组合框""代码窗口"。

工程资源管理窗口:用来显示和管理当前数据库中的对象,如窗体、模块和类模块等。

属性窗口:用来显示所选定对象的属性,同时也可以更改对象的属性。

对象组合框:显示当前光标所在位置代码作用的对象,也可以通过该组合框为指定对象添加事件代码等。

过程组合框:显示当前光标所在位置代码作用对象的事件或过程,也可以通过该组合框为指定对象添加事件或过程程序。

代码窗口:显示和输入代码。

4.2 VBA语言基础

4.2.1 数据类型

(1)标准型

VBA共有9种标准型数据类型,如表4-1所示。

表4-1 标准型数据类型

数据类型	类型标识符	字节
字符型 String	$	根据字符串长度而定
逻辑型 Boolean	无	2
整数型 Integer	%	2
长整数型 Long	&	4

续表

数据类型	类型标识符	字节
单精度型 Single	!	4
双精度型 Double	#	8
日期型 Date	无	8
货币型 Currency	@	8
变体型 Variant	无	以上任意类型,可变

(2)对象型

对象型数据指Access数据库中的各种对象,包括窗体、报表和其中的各种控件,常见的对象型数据类型如表4-2所示。

表4-2 Access数据库中的对象

对象类型	数据库对象
数据库 Database	数据库
表 TableDef	表
记录集 Recordset	使用ADO或DAO中引用的记录集,即表或查询中的结果
记录 Record	记录
查询 QueryDef	查询,主要用于提取数据
窗体 Form	窗体、子窗体,主要用于用户与程序的交互
报表 Report	报表、子报表,主要用于展示数据
标签 Label	窗体或报表中的标签控件
文本框 Text	窗体或报表中的文本框控件
命令按钮 Command	窗体或报表中的按钮控件
控件 Control	窗体或报表中的控件

(3)自定义型

用户可以根据基本数据类型和前面用户已定义的数据类型来定义一个新的数据类型,称之为自定义数据类型。定义格式如下:

Type[数据类型名]

<域名1>As<数据类型1>

<域名2>As<数据类型2>

……

End Type

4.2.2 常量

当程序运行时,变量的内容是可以变化的,如果需要一次又一次地引用不变的值,那么就应该使用常量。常量就像一个指定的变量一样,总是引用这个相同的值。在VBA中,常用的常量有系统内置常量和用户自定义常量。

(1)系统内置常量

VBA有一系列预先定义的常量,并且不需要声明,这些内置常量可以通过对象浏览器查找。打开对象浏览器并查找Access常量清单的步骤如下:

①在VBE编辑器窗口,选择“视图”→“对象浏览器”;

②在“工程/库”下拉列表里选择“Access”;

③在搜索文本框里输入“Constants”并回车,VBE显示搜索结果在“搜索结果”区域;

④在“类”列表框拉滚动条,选择“Constants”,对象浏览器右边区域显示所有Access对象库里可用的内置常量,如图4-2所示。注意,所有常量的名称以前缀“ac”开头。

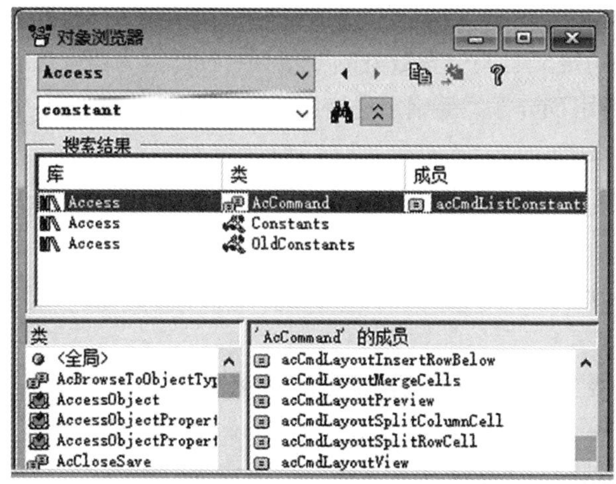

图4-2 使用对象浏览器查找内置常量

要查找VBA常量,在“工程/库”文本框里输入VBA。注意,所有VBA的内置常量以前缀“vb”开头。

(2)自定义常量

用户可以使用Const关键字来自定义常量,定义格式如下:

Const 常量名 [as 数据类型]=值

例:Const Age As Integer = 25

4.2.3 变量

变量是在程序执行过程中其值可以改变的存储单元,这个存储单元的名称称为变量名。变量必须先定义后再使用。

(1)VBA变量名的命名规则

①以字母开头,后面可跟字母、数字或下划线;

②不能包含空格以及除下划线之外的标点符号;

③不能用VBA的关键字和保留字,如Str、Loop等;

④字符个数不得多于255个;

⑤变量名不区分大小写;

⑥不能在范围相同的层次中使用重复的变量名称;

⑦为了增加程序的可读性,可在变量名前加一个缩写的前缀来表明该变量的数据类型,如strAbc(字符串变量)、intCount(整型变量)、dblx(双精度变量)等。

(2)定义变量

在VBA中,可以使用两种方法来定义变量。

①隐式定义变量:直接将一个值赋给变量即可;

例如:NewVar=28,该语句定义了一个Variant类型的变量NewVar,值为28。

NewVar%=28,该语句定义了一个整数型的变量NewVar,值为28。

②显式定义变量:使用Dim等关键字定义变量,格式如下:

Dim变量名 As数据类型

也可以将数据类型符号直接放在变量名的末尾定义变量,例如:Var1%表示定义一个整型变量Var1,Var2$表示定义一个字符串变量Var2。

在模块通用说明部分,加入 Option Explicit 语句可以强迫用户进行变量定义。

(3)数组

数组是包含相同数据类型的一组变量的集合,对数组中的单个变量引用通过数组索引下标进行。在内存中表现为一个连续的内存块,必须用Global或Dim语句来定义。定义规则如下:

Dim 数组名([下标下限 to]下标上限,[下标下限 to]下标上限,…) As 数据类型

下标下限缺省值为0,如果使用to选项,则可以使用非0下限。

除了以上固定数组外,VBA还有一种功能强大的动态数组,定义时无大小维数声明;在程序中再利用Redim语句来重新改变数组大小,原来数组内容可以通过加preserve关键字来保留。例如:

```
Dim array1() as double
Redim array1(5) : array1(3)=250
Redim preserve array1(5,10)
```

4.2.4 运算符和表达式

(1)运算符

在VBA中,常用的运算符有算术运算符、逻辑运算符、关系运算符、字符串运算符和特殊运算符等几类。

①赋值运算符：=

②算术运算符：+(加)、-(减)、Mod(取余)、\(整除)、*(乘)、/(除)、-(负号)、^(指数)

③逻辑运算符：Not(非)、And(与)、Or(或)、Xor(异或)、Eqv(相等)、Imp(蕴含)

④关系运算符：=(相同)、<>(不等)、>(大于)、<(小于)、>=(不小于)、<=(不大于)

⑤字符串运算符：&(字符连接符)、Like(文本比较)

⑥特殊运算符：Between…And…、In、IsNull

(2)常用标准函数

在VBA程序语言中有许多内置函数，用户可以直接调用标准函数来完成许多操作。

①输入/输出函数

输入函数InputBox()：InputBox函数显示一个信息，提示用户输入数据。这个对话框有两个按钮即“确定”和“取消”，点击“确定”时，InputBox函数返回用户输入在信息框里的信息；点击“取消”时，函数则返回空字符串(“ ”)。

InputBox函数的语法如下：

InputBox(prompt[,title][,default][,xpos,ypos])

其中的prompt为窗口的提示词，title为输入窗口的标题，default为输入窗口的默认内容，xpos，ypos为窗口距离屏幕左边，上边的距离。

输出函数MsgBox()：MsgBox函数在对话框中显示消息，等待用户单击按钮，并返回一个值保存用户单击的按钮。

MsgBox函数的语法如下：

MsgBox(prompt[,buttons][,title][,helpfile,context])

参数说明：

prompt，必需的参数，是一个字符串。作为显示在消息框中的消息文本，其最大长度为1024个字符，由所用字符的宽度决定。如果prompt的内容超过一行，则可以在每一行之间用回车符(Chr(13))、换行符(Chr(10))或是回车与换行符的组合(Chr(13)&Chr(10))将各行分隔开来。

buttons，可选的参数，是一个数字表达式，指定要显示的按钮的类型，要使用的图标样式，默认按钮的标识以及消息框的形式。如果留空，则按钮的默认值为0，其设置见表4-3。

表4-3 消息框中“按钮”设置值及意义

分组	常数	值	描述
按钮数目及类型	vbOKOnly	0	只显示“确定”按钮
	vbOKCancel	1	显示“确定”及“取消”按钮
	vbAbortRetryIgnore	2	显示“中断”“重试”及“忽略”按钮
	vbYesNoCancel	3	显示“是”“否”及“取消”按钮
	vbYesNo	4	显示“是”及“否”按钮
	vbRetryCancel	5	显示“重试”及“取消”按钮

续表

分组	常数	值	描述
图标类型	vbCritical	16	显示红色的STOP标志，用于严重警告信息
	vbQuestion	32	显示“?”图标，用于询问信息
	vbExclamation	48	显示“!”图标，用于警告信息
	vbInformation	64	显示“i”图标，用于一般信息
默认按钮	vbDefaultButton1	0	第一个按钮是缺省值
	vbDefaultButton2	256	第二个按钮是缺省值
	vbDefaultButton3	512	第三个按钮是缺省值

当用户点击消息框中的一个按钮，会返回不同的值。各个按钮的返回值见表4-4。

表4-4 MsgBox函数按钮及其返回值对照表

常数	值	按钮
vbOK	1	确定
vbCancel	2	取消
vbAbort	3	终止
vbRetry	4	重试
vbIgnore	5	忽略
vbYes	6	是
vbNo	7	否

title，可选的参数，表示在消息框的标题栏中所显示的文本。若省略该参数，则将应用程序名放在标题栏中。

helpfile，可选的参数，为字符串表达式，提供帮助文件。若有helpfile，则必须有context。

context，可选的参数，为数值表达式，提供帮助主题。若有context，则必须有helpfile。

例如：MsgBox("确认要结束程序吗？", vbQuestion + vbYesNo + 256, "确认退出")。

②数学函数

Sin(x)、Cos(x)、Tan(x)、Atan(x)：三角函数，单位为弧度。

Log(x)：返回x的自然对数。

Exp(x)：返回 e^x。

Abs(x)：返回x的绝对值。

Int(x)、Fix(x)：都返回参数x的整数部分。区别：Int 将 -8.4 转换成 -9，而 Fix 将-8.4 转换成 -8。

Sgn(x)：返回一个 Variant (Integer)，指出参数x的正负号。

Sqr(x)：返回一个 Double，指定参数x的平方根。

VarType(varname)：返回一个 Integer，指出变量的子类型。

Rnd(x)：返回0-1之间的单精度数据，x为随机种子。

③字符串函数

Trim(string):去掉string左右两端空白

Ltrim(string):去掉string左端空白

Rtrim(string):去掉string右端空白

Len(string):计算string长度

Left(string,*x*):取string左端*x*个字符组成的字符串

Right(string,*x*):取string右端*x*个字符组成的字符串

Mid(string,*start*,*x*):取string从*start*位开始的*x*个字符组成的字符串

Ucase(string):转换为大写

Lcase(string):转换为小写

Space(*x*):返回*x*个空白的字符串

Asc(string):返回一个 integer,代表字符串中首字母的字符代码

Chr(charcode):返回 string,其中包含有与指定的字符代码相关的字符

④类型转换函数

CBool(expression):转换为Boolean型

CByte(expression):转换为Byte型

CCur(expression):转换为Currency型

CDate(expression):转换为Date型

CDbl(expression):转换为Double型

CDec(expression):转换为Decemal型

CInt(expression):转换为Integer型

CLng(expression):转换为Long型

CSng(expression):转换为Single型

CStr(expression):转换为String型

CVar(expression):转换为Variant型

Val(string):转换为数据型

Str(number):转换为String

⑤日期/时间函数

Now( ):返回一个 Variant (Date),根据计算机系统设置的日期和时间来指定日期和时间

Date( ):返回包含系统日期的 Variant (Date)

Time( ):返回一个指明当前系统时间的 Variant (Date)

TimeSerial(hour, minute, second):返回一个 Variant (Date),包含具有具体时、分、秒的时间

DateDiff(interval,date1,date2[,firstdayofweek[,firstweekofyear]]):返回 Variant(Long) 的值,表示两个指定日期间的时间间隔数目

Second(time):返回一个Variant(Integer),其值为0到59之间的整数,表示一分钟之中的某秒

Minute(time):返回一个Variant(Integer),其值为0到59之间的整数,表示一小时中的某分钟

Hour(time):返回一个Variant(Integer),其值为0到23之间的整数,表示一天之中的某一钟点

Day(date):返回一个 Variant(Integer),其值为1到31之间的整数,表示一个月中的某一日

Month(date):返回一个Variant(Integer),其值为 1 到 12 之间的整数,表示一年中的某月

Year(date):返回Variant(Integer),包含表示年份的整数

Weekday(date,[firstdayofweek]):返回一个 Variant(Integer),包含一个整数,代表某个日期是星期几

4.3 流程控制语句

(1)顺序结构

顺序结构的程序设计是最简单的,只要按照解决问题的顺序写出相应的语句就行,它的执行顺序是自上而下,依次执行。

另外,在顺序结构中可使用With…End With对同一对象执行一系列语句,这些语句按顺序执行,并可省略对象名。该关键字的语法格式如下:

```
With对象名
  Commands
End With
```

(2)选择结构

选择结构的程序根据条件式的值来选择程序运行的语句,主要有以下一些结构:

①If语句

```
If条件表达式1 Then
语句体1
[Else [If 条件表达式2 Then]]
语句体2
End If
```

②SelectCase语句

如果要将同一个表达式与不同的值进行比较,则可以用 Select...Case 语句来替换 If...Then...Else 语句。所不同的是, If 和 ElseIf 语句可在每个语句中计算不同的表达式,而 Select 语句对单个表达式只计算一次,然后将其与不同的值比较。该语句的语法格式如下:

```
Select Case测试表达式
Case 可选值1
语句体1
Case 可选值2
语句体2
```

……

Case 可选值n

语句体n

Case Else

语句体n+1

End Select

(3)循环结构

在不少实际问题中有许多具有规律性的重复操作,因此在程序中就需要重复执行某些语句。循环结构是在一定条件下反复执行某段程序的流程结构,被反复执行的程序被称为循环体,能否继续重复,取决于循环的终止条件。循环语句是由循环体及循环的终止条件两部分组成。

①While语句

While语句是的一种基本循环模式。当满足条件时进入循环,执行循环体,当条件不满足时,跳出循环。该语句的语法格式如下:

While <条件表达式>

<循环体>

Wend

②Do语句

Do语句根据条件判断是否执行循环体,在事先不知道程序代码需要重复多少次的情况下使用。该语句的语法格式如下:

Do {while |until} <条件表达式>

<循环体1>

[Exit do]

<循环体2>

Loop

③For…Next语句

For语句可以指定次数来重复执行一组语句。该语句的语法格式如下:

For 循环变量 =初值 To 终值 [Step 步长]

<循环体>

Next 循环变量

④For Each…Next语句

For Each语句用于对一个数组或集合中的每一个元素重复执行一组语句。该语句的语法格式如下:

For Each变量 in集合

<循环体>

Next

(4)错误处理语句

执行阶段有时会有错误的情况发生,利用On Error语句来处理错误,启动一个错误的处理程序。语法如下:

On Error Goto Line　当错误发生时,会立刻转移到line行去

On Error Resume Next　当错误发生时,会立刻转移到发生错误的下一行去

On Error Goto 0　当错误发生时,会立刻停止过程中任何错误处理过程

4.4　VBA过程与模块

(1)Sub过程

过程是构成程序的一个模块,往往用来完成一个相对独立的功能。过程可以使程序更清晰、更具结构性。

过程是由Sub和End Sub语句包含起来的VBA语句,该语句格式如下:

```
[Private|Public|Friend] Sub 子过程名(参数列表)
<子过程语句1>
ExitSub
<子过程语句2>
End Sub
```

例如:

```
Sub cmdSmallFont_Click()
With Selection.Font
.Name="Arial"
.FontStyle="Regular"
.Size=16
End With
End sub
```

此过程实际上是一个事件过程。这个过程的名字是由一个对象的名字cmdSmallFont和一个事件的名字Click组成的,两者之间用下划线分开。也就是说,CmdSmallFont是一个命令按钮的名字,当单击这个命令按钮时,就会运行这个事件过程。

下面是一个简单的密码验证的Sub过程。

```
Sub CheckPwd()
Dim Pwd As String
Pwd=InputBox( " 请输入密码: " )
If Pwd= " Access 2016 "  Then
```

```
MsgBox " 密码正确,欢迎使用本系统! "
Else
MsgBox " 密码错误! "
End If
End Sub
```

(2)Function 函数

函数实际是实现一种映射,它通过一定的映射规则,完成运算并返回结果。在Access中,包含了许多内置函数(已经在前面介绍过)。除此之外,用户也可以根据需要创建自定义函数。函数有返回值,可以在表达式中使用。函数以关键字“Function”开始,并以“End Function”语句结束。该语句格式如下:

```
[Private|Public|Static] Function 函数名(参数行)[As 数据类型]
<函数语句1>
ExitFunction
<函数语句2>
End Function
```

例如:一个求两数之和的函数。

```
Public Function SumItUp(m,n)
SumItUp = m + n
End Function
```

(3)模块

模块作为Access的对象之一,主要用来存放用户编写的VBA代码,如同窗体是存放控件对象的容器一样,模块是代码的容器。Aceess有两种基本类型的模块:标准模块和类模块。

①标准模块:标准模块是指存放整个数据库都可以用的子程序和函数的模块;

②类模块:VBA允许用户创建自己的对象,对象的定义包含在类模块中。

(4)变量的作用域和生存期

①变量的作用域

不同的变量在VBA过程里有不同的作用范围,称为作用域。它定义某个特定的变量在同一个过程、其他过程、其他VBA过程里的可用性。变量在VBA里可以是下面三种级别的作用域:过程级别(局部)变量、模块级别变量、工程级别变量。

过程级别(局部)变量

关键字Dim在模块中的位置决定了该变量的范围。在VBA过程中用Dim关键字声明的变量拥有过程级别的范围,过程级别的变量经常被称为局部变量。局部变量只能在声明后的过程里面使用,未声明的变量是过程级别的变量。在它的范围内,变量的名称必须是唯一的,这意味着不可以在同一个过程里使用同样的名称来声明两个变量。但是,可以在不同的过程里面使用同样的变量名称。

模块级别变量

局部变量有助于节省内存空间，一旦过程结束，该变量便立即消失，并且释放该变量占用的内存空间。然而，在编程中，经常需要变量在本过程结束后仍然在其他过程里可用，这种情形需要改变变量的范围，需要定义一个模块级别的变量，而不是过程级别变量。要定义模块级别的变量，必须将关键字Dim放在模块里任何过程的上面，在关键字Option Explicit的下面。例如，将slsTax设置为模块里的任何过程都可以使用的变量，按照下述方法声明slsTax变量。

```
Option Explicit
Dim slsTax As Single
Sub CalcCost( )
<过程指令>
End Sub
```

工程级别变量

变量用关键字Public（而不是Dim）声明时，拥有工程级别作用域，这意味着可以在VBA任何模块里使用。若要在一个打开的VBA工程的所有过程里使用某个变量时，必须用Public关键字来声明它。例如：

```
Option Explicit
Public slsTax As Single
Sub CalcCost( )
<过程代码>
End Sub
```

注意，变量slsTax在模块上面以Public关键字声明的，它将会在该VBA工程里的任何过程里都可用。

②变量的生命周期

除了作用域之外，变量还有生命周期，变量的生命周期决定了该变量能保存它的值多长时间。

一旦该工程打开，模块级别和工程级别的变量就会保留它们的值。按照变量的生命周期，可以将局部变量分为动态局部变量和静态局部变量。

动态局部变量

动态局部变量是以Dim…As语句说明的局部变量，每次子过程或函数过程被调用时会被设定为默认值。数值数据类型为0，字符串则为空字符串（“”）。这些局部变量与子过程或函数过程持续的时间是相同的。

静态局部变量

用Static关键字代替Dim来定义静态局部变量，该变量可以在过程的实例间保留局部变量的值。静态变量的持续时间是整个模块执行的时间，但它的作用域仍然由其定义的位置来决定。

4.5　认识对象的事件

Access采用"事件驱动"编程机制，当用户在窗体或报表中执行操作时，如单击控件或按下键盘按键等都会产生相应的事件，Access就会执行相应的事件过程代码。

(1)事件类型

Access数据库提供了多种事件，常用的事件主要有以下几种：

①鼠标事件：单击、双击、拖动或按下鼠标等；

②键盘事件：按下或释放键盘按键；

③窗口事件(窗体或报表事件)：打开、关闭或调整窗口大小等；

④焦点事件：激活、获得焦点或失去焦点等；

⑤打印事件：打印窗体或报表、打印格式化；

⑥出错事件：程序运行过程中出现错误。

(2)窗口事件

窗口事件是指窗体或控件相应的事件，这些事件作用于整个窗体或报表。常用的窗口事件如下：

①加载：窗体载入内存，但未打开时；

②打开：窗体被打开，第一条记录未显示时；

③单击：单击窗体或控件时；

④激活：窗体获得焦点成为活动窗体时；

⑤计时器触发：当窗体打开之后，每隔计时器间隔所设置的时间执行一次该事件中的代码；

⑥卸载：窗体被关闭，但未从屏幕删除时；

⑦关闭：窗体被关闭，并从屏幕删除时。

在打开窗体时，加载窗体事件先于打开窗体事件发生：在关闭窗体时，卸载窗体事件先于关闭窗体事件发生。

下面是询问是否关闭窗体的操作过程。

步骤1：选择"卸载"事件。在设计视图中打开"学生信息表"窗体，在属性表中，单击"卸载"事件右侧的 按钮，如图4-3所示。

步骤2：打开代码生成器。在打开的"选择生成器"对话框中选择"代码生成器"选项，单击"确定"按钮，如图4-4所示。

图4-3　窗体卸载事件

图4-4　代码生成器

步骤3:书写代码。在打开的VBA的代码窗口中输入窗体卸载事件的代码,如图4-5所示。

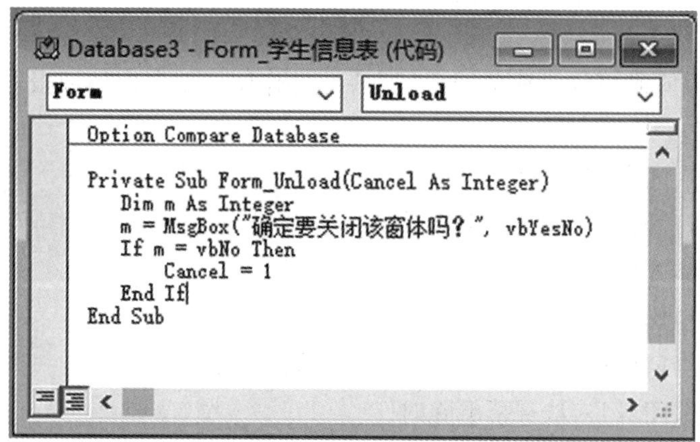

图4-5　窗体卸载事件

步骤4:查看效果。关闭数据库,重新打开数据库和其中的窗体,然后关闭窗体,会弹出对话框询问是否关闭窗体,如图4-6所示。

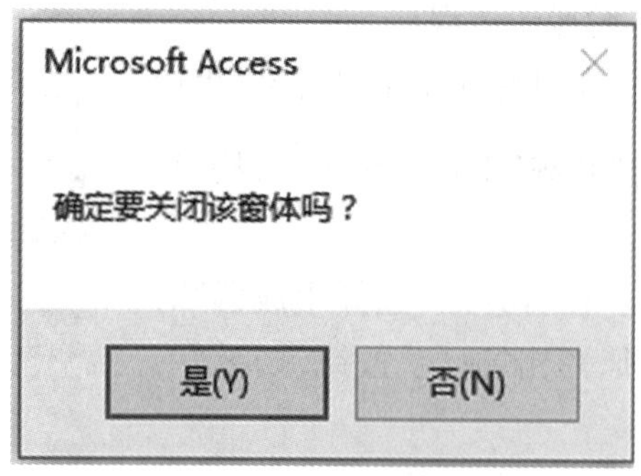

图4-6　是否关闭窗体

(3)键盘事件

在软件中设置快捷键可以使其更为便捷。在VBA中,如果要为窗体设置快捷键或按键事件,可以在窗体的按键事件中设置;如果要设置全局快捷键,则需要新建一个模块,在模块中创建名为Autokeys+键名的过程或者函数。在设置窗体的按键事件时，需要用到一些键代码，常用的键代码如表4-5所示。

表4-5 常用的键代码

键常量	数字代码	指代键说明
vbKeyLButton	0x1	鼠标左键
vbKeyRButton	0x2	鼠标右键
vbKeyCancel	0x3	CANCEL键
vbKeyMButton	0x4	鼠标中键
vbKeyBack	0x8	退格键
vbKeyReturn	0xD	ENTER键
vbKeyEscape	0x1B	ESC键
vbKeySpace	0x20	空格键
vbKey+字母	65～90	A～Z键
vbKey+数字	48～57	0～9键
vbKeyNumpad+数字	0x60～0x69	小键盘数字0～9键

例如：按空格键关闭报表的设置过程如下。

步骤1：选择“击键”事件。打开“学生信息”数据库，在设计视图模式下打开“学生成绩”报表，在属性表中单击“击键”事件右侧的 ... 按钮，如图4-7所示。

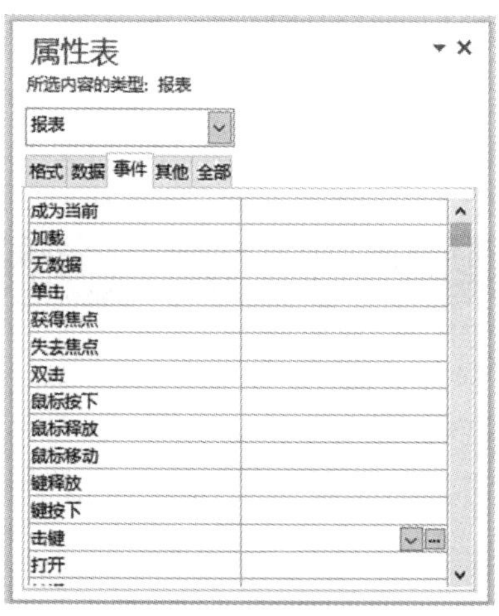

图4-7 报表击键事件

步骤2：打开代码生成器。在打开的“选择生成器”对话框中选择“代码生成器”选项，单击“确定”按钮。

步骤3：输入代码。在打开的VBA的代码窗口中输入键代码为空格键时执行关闭命令的代码，如图4-8所示。

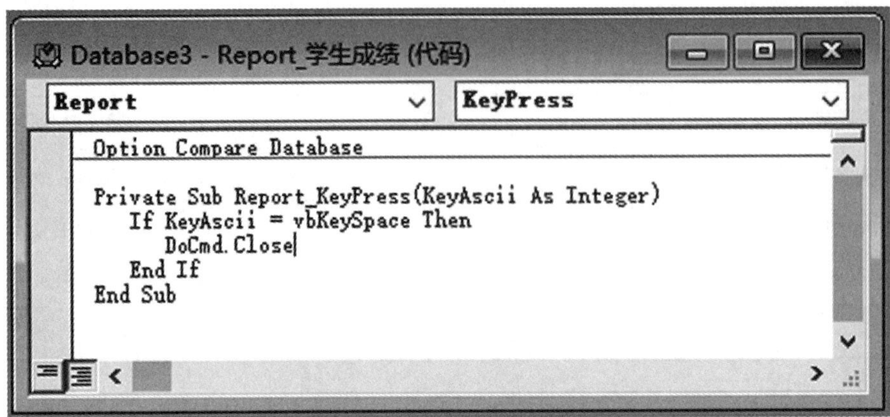

图4-8　击键事件代码

步骤4：查看效果。在打开“学生成绩”报表的时候，显示学生成绩，如图4-9所示。按下空格键，“学生成绩”报表就会被关闭，如图4-10所示。

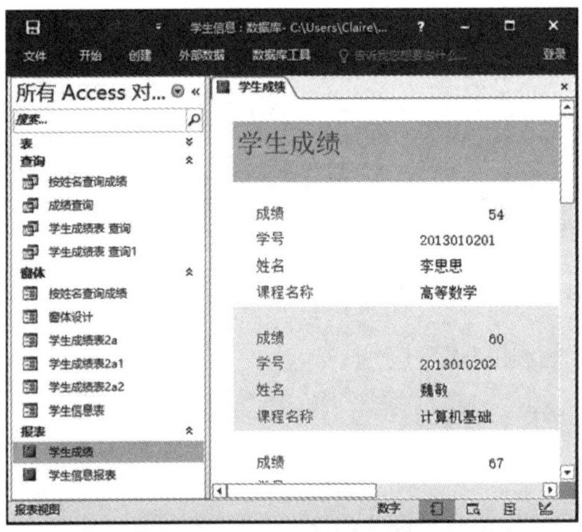

图4-9　“学生成绩”报表

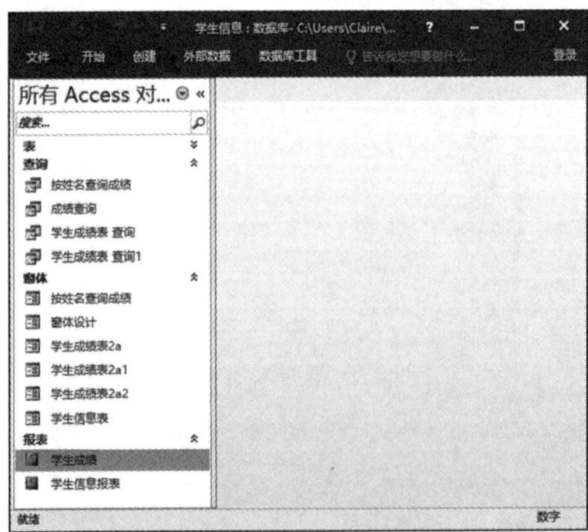

图4-10　报表关闭

实验:VBA操作基础

一、实验目的

1.熟悉 Visual Basic 编辑器(VBE)环境。

2.掌握VBA的基本知识。

3.认识对象的事件。

二、实验内容及操作步骤

1.添加"清空"按钮单击事件。打开图书管理数据库(bookgl.accdb),在设计视图中打开"读者"窗体,选择"清空"按钮,在属性表中单击"单击"属性框右侧的[...]按钮,如图4-11所示。

图4-11 "清空"单击事件

2.输入"清空"代码。在打开的VBE窗口的代码窗口中输入将当前窗口中文本框清空的代码,如图4-12所示。

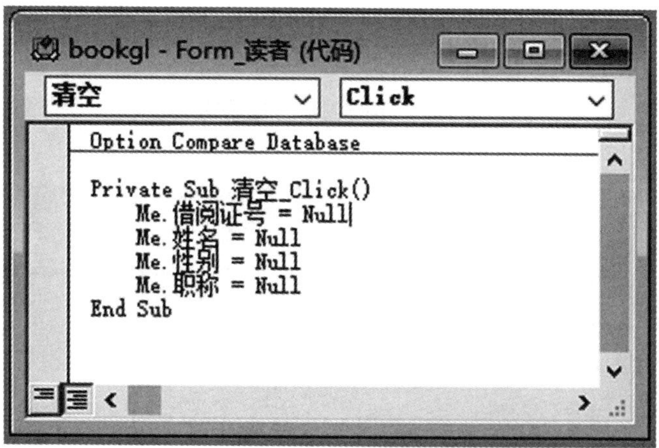

图4-12 "清空"代码

3.添加“新增”按钮单击事件。选择“增加”按钮，单击鼠标右键，在快捷菜单中选择“事件生成器”命令，在打开的对话框中双击“代码生成器”。

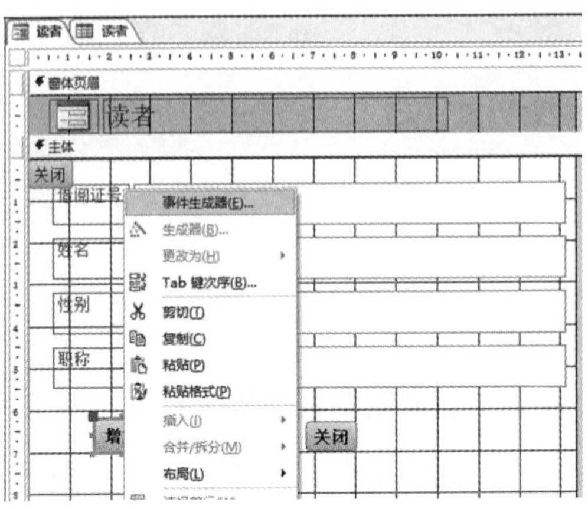

图4-13　事件生成器

4.添加代码。在打开的VBE窗口的代码窗口中输入将窗口中的记录添加到表中的代码，如图4-14所示。

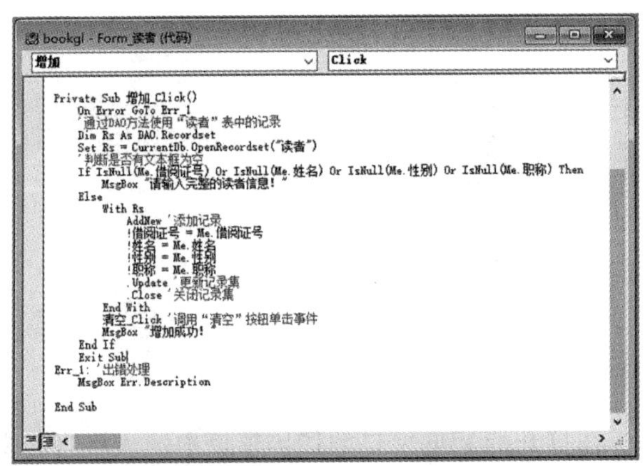

图4-14　添加记录代码

5.添加“关闭”按钮单击事件。选择“关闭”按钮，单击鼠标右键，在快捷菜单中选择“事件生成器”命令，在打开的对话框中双击“代码生成器”，如图4-13所示。

6.添加关闭代码。在打开的VBE窗口的代码窗口中输入关闭当前窗口的代码，如图4-15所示。

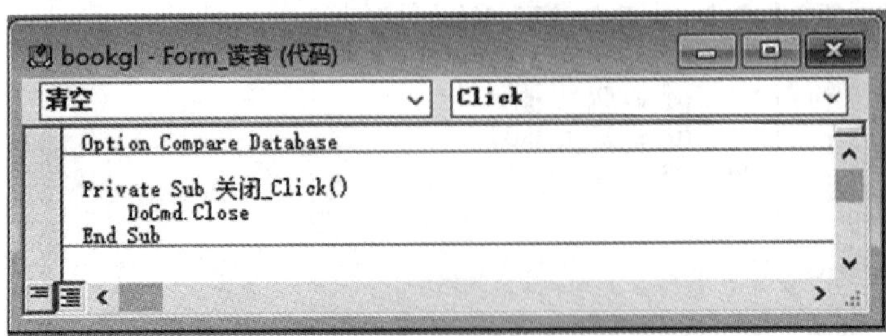

图4-15　关闭当前窗口

第五章　Access数据库应用系统

5.1　用户表和登录窗体

使用Access制作的数据库应用系统，如图书管理系统、工资管理系统、个人信息管理系统等都要求有一定的保密性。因此，在数据库应用程序中，要求用户具有相应的权限。其中，使用登录窗体让用户正确登录之后才能进行操作的权限设置最为简单。本节以学生信息系统的登录窗体为例进行讲解。

5.1.1　用户表

学生信息系统主要实现对学生信息和成绩的管理，用户有两类：管理员和普通用户。由于该系统的用户名和密码由学校派发，因此，登录窗体只需实现登录和取消两项功能。

要实现登录功能，必须有一个相匹配的保存用户信息的表。在用户表中，至少应该包含“用户名”和“密码”这两个字段。除此之外，还可以包含一些用户的其他信息，如“权限”“状态”等。创建“用户”表如图5-1所示。

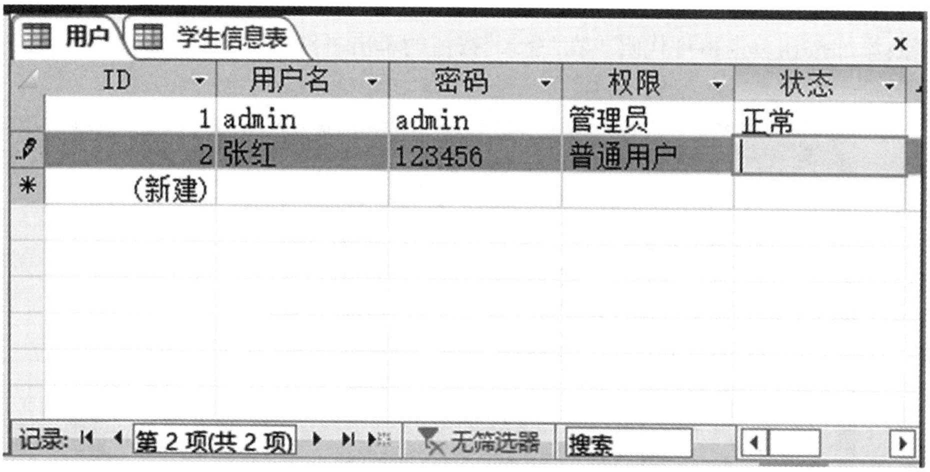

用户　学生信息表

ID	用户名	密码	权限	状态
1	admin	admin	管理员	正常
2	张红	123456	普通用户	
(新建)				

记录: 第 2 项(共 2 项)　无筛选器　搜索

图5-1　用户表

5.1.2 登录功能

窗体登录功能的实现，需要从用户表中查找输入的用户名，并判断输入的密码与查找到的用户密码是否一致，只有相同才能正常登录。

在用户表中查询时，可以使用内置函数DlookUp()，通过该函数可以快速从用户表中获得指定用户名对应的密码，函数格式如下：

DlookUp(" 返回值字段名 " , " 查询或表名 " , " 查询条件 ")

下面以在“Student”数据库中，通过DlookUp()函数在用户表中查找数据，并实现登录功能为例，讲解与用户表结合的登录窗体的制作方法。

步骤1：创建一个“登录”窗体，在窗体中添加标签、文本框和按钮等控件，并将“密码”窗体的“输入掩码”属性设为“密码”，如图5-2所示。

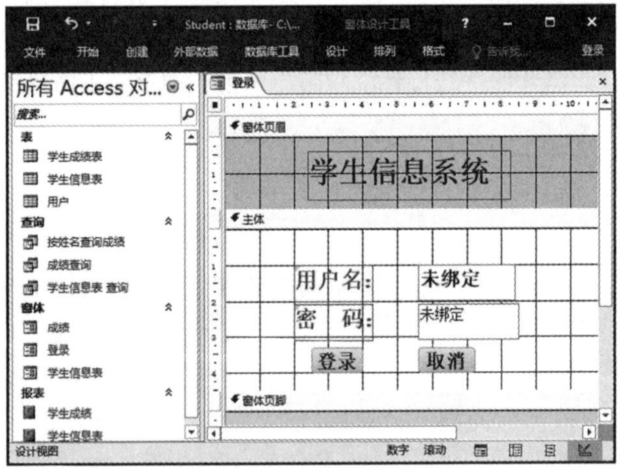

图5-2 登录窗体

步骤2：添加按钮单击事件代码。在“登录”按钮的单击事件中输入对应的VBA代码，如图5-3所示。

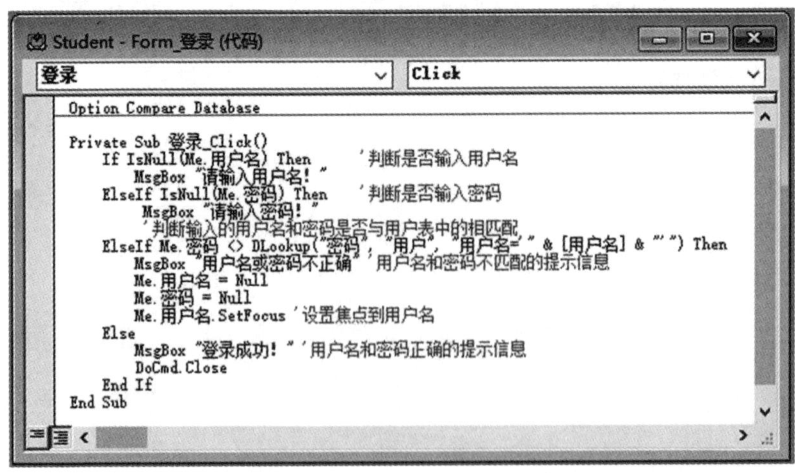


```
Option Compare Database

Private Sub 登录_Click()
    If IsNull(Me.用户名) Then       '判断是否输入用户名
        MsgBox "请输入用户名! "
    ElseIf IsNull(Me.密码) Then     '判断是否输入密码
        MsgBox "请输入密码! "
        '判断输入的用户名和密码是否与用户表中的相匹配
    ElseIf Me.密码 <> DLookup("密码", "用户", "用户名='" & [用户名] & "'") Then
        MsgBox "用户名或密码不正确" '用户名和密码不匹配的提示信息
        Me.用户名 = Null
        Me.密码 = Null
        Me.用户名.SetFocus '设置焦点到用户名
    Else
        MsgBox "登录成功! " '用户名和密码正确的提示信息
        DoCmd.Close
    End If
End Sub
```

图5-3 “登录”按钮Click事件

步骤3:在“取消”按钮的单击事件中输入对应的VBA代码,如图5-4所示。

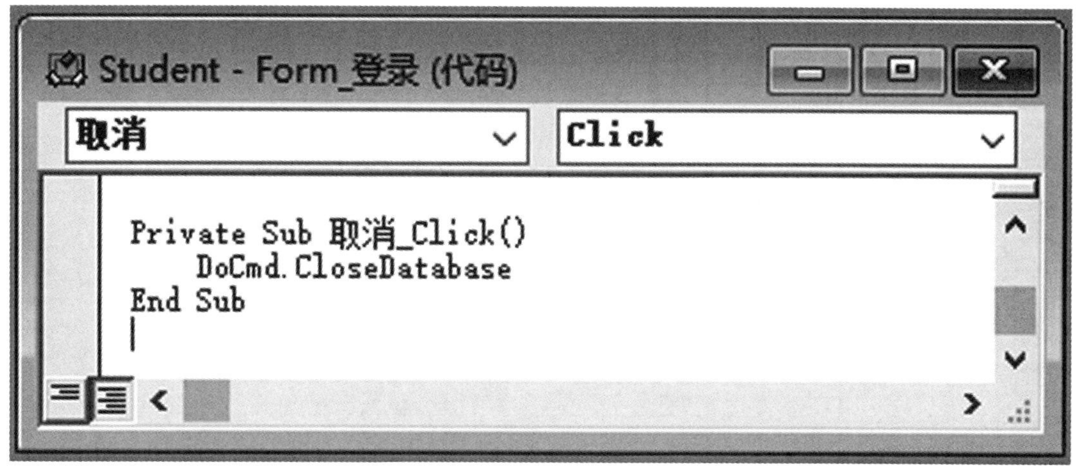

图5-4　“取消”按钮Click事件

注意:不能在此使用关闭当前窗体的代码或宏,如果使用关闭当前窗体的代码或宏,用户可以不进行登录就能进入数据库应用程序。

5.1.3　注册功能

对于一些人员变动较大的数据库应用程序,提供一个用户注册功能是十分必要的。用户注册功能的本质就是向用户表中插入一条新的用户记录。使用SQL语句向表中插入数据较为简单、方便,可以通过制作一个查询,在运行查询时将窗体中的数据添加到用户表中。

下面以“注册窗体”数据库为例,为登录窗体添加注册功能,讲解如何在登录窗体中实现注册功能。

步骤1:创建 “用户注册”数据库,并在其中创建“用户”表,表结构如图5-5所示。

字段名称	数据类型
ID	自动编号
用户名	短文本
密码	短文本
密码提示	短文本
答案	短文本

图5-5　用户注册表结构

步骤2:创建“注册”窗体,并添加相应的文本框和按钮控件,如图5-6所示。

文件
开始
创建
外部数据
数据库工具
设计
排列
格式
登录
所有 Access 对...
表
用户
窗体
登录
注册
窗体页眉
学生信息系统
主体
用 户 名:
未绑定
密 码:
未绑定
确认密码:
未绑定
密码提示:
未绑定
答 案:
未绑定
窗体页脚
设计视图
数字

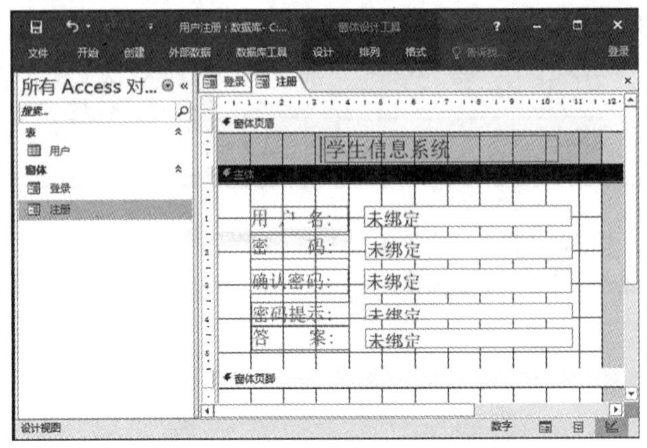

图5-6 注册窗体

步骤3:添加用户名更新后的事件。双击“用户名”文本框控件的文本框部分,打开属性表,单击“更新后”事件右侧的 按钮,为用户名文本框添加更新后事件,如图5-7所示。

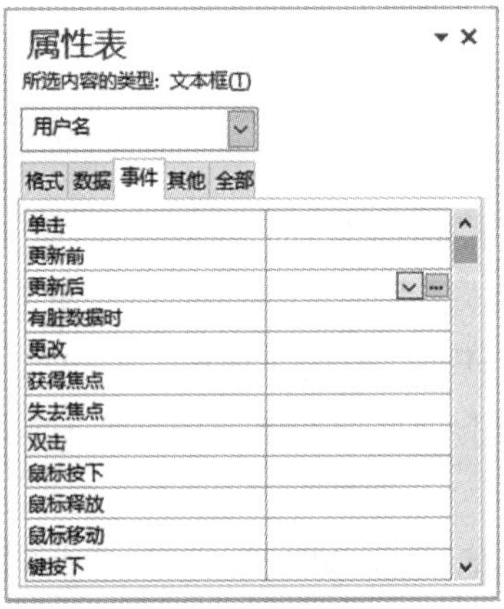

属性表
所选内容的类型: 文本框(T)
用户名
格式
数据
事件
其他
全部
单击
更新前
更新后
有脏数据时
更改
获得焦点
失去焦点
双击
鼠标按下
鼠标释放
鼠标移动
键按下

图5-7 更新后事件

步骤4:判断注册用户名是否已经存在。在“用户名”文本框控件更新后事件中输入判断用户名是否已经存在的代码,存在则提示并清空文本框内容,代码如图5-8所示。

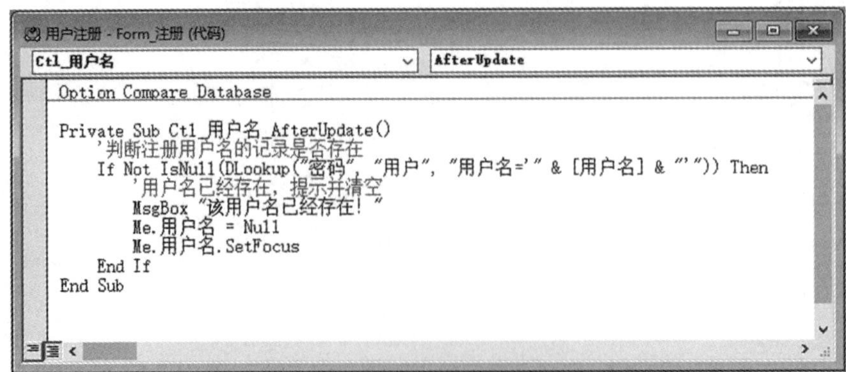

用户注册 - Form_注册 (代码)
Ctl_用户名
AfterUpdate
Option Compare Database
Private Sub Ctl_用户名_AfterUpdate()
'判断注册用户名的记录是否存在
If Not IsNull(DLookup("密码", "用户", "用户名='" & [用户名] & "'")) Then
'用户名已经存在，提示并清空
MsgBox "该用户名已经存在！"
Me.用户名 = Null
Me.用户名.SetFocus
End If
End Sub

图5-8 更新后代码

步骤5:判断是否输入相应数据。为“注册”按钮添加单击事件,在事件中输入判断用户名、密码和确认密码是否输入以及密码是否为大于等于6位的代码,如图5-9所示。

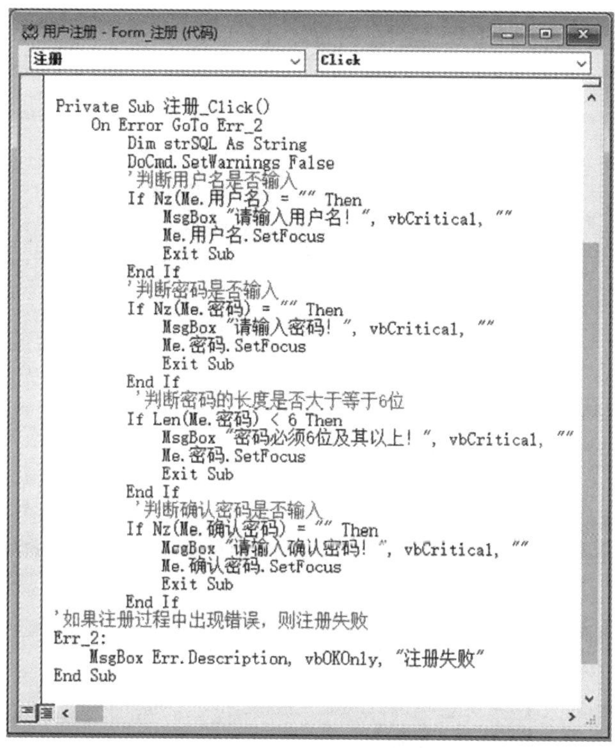

图5-9 “注册”代码

步骤6:判断密码提示和答案的输入情况。继续输入判断密码和答案的输入情况的代码,在输入提示问题后提示答案不能为空,如图5-10所示。

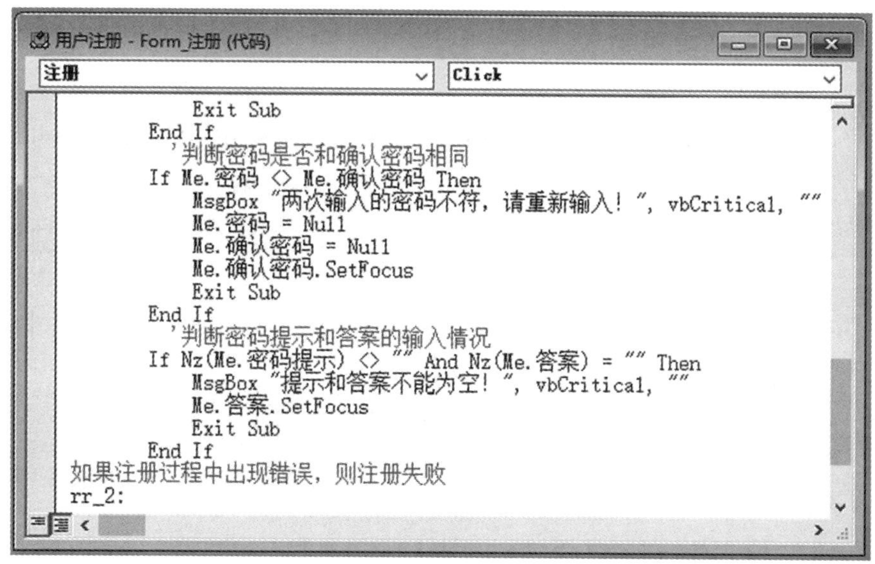

图5-10 密码提示和答案

步骤7:运行“注册账户”查询。输入运行“注册账户”查询代码,并根据是否出错判断是否注册成功,如图5-11所示。

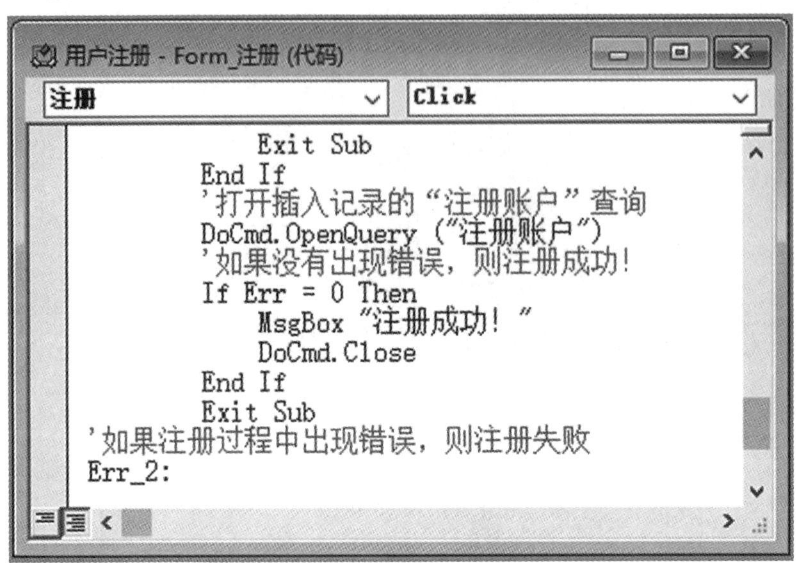
```
用户注册 - Form_注册 (代码)
注册                Click
            Exit Sub
        End If
        '打开插入记录的“注册账户”查询
        DoCmd.OpenQuery ("注册账户")
        '如果没有出现错误，则注册成功!
        If Err = 0 Then
            MsgBox "注册成功! "
            DoCmd.Close
        End If
        Exit Sub
'如果注册过程中出现错误，则注册失败
Err_2:
```

图5-11　注册账户查询

步骤8:创建追加查询“注册用户”。创建追加查询“注册用户”,输入将“注册”窗体中输入的数据追加到用户表中的代码,如图5-12所示。

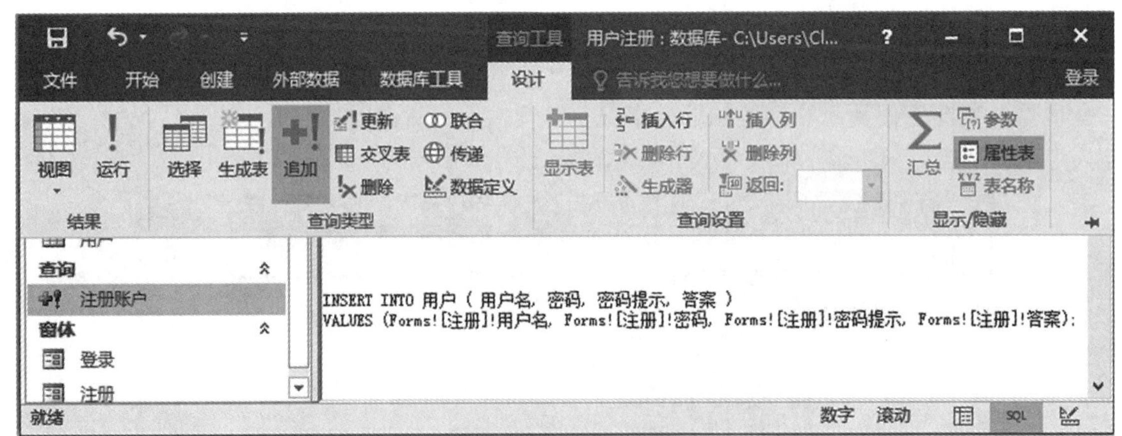
```
INSERT INTO 用户 ( 用户名, 密码, 密码提示, 答案 )
VALUES (Forms![注册]!用户名, Forms![注册]!密码, Forms![注册]!密码提示, Forms![注册]!答案);
```

图5-12　追加查询

步骤9:为“取消”按钮添加单击事件。为“取消”按钮添加单击事件,在该事件中输入关闭当前窗体的代码,如图5-13所示。

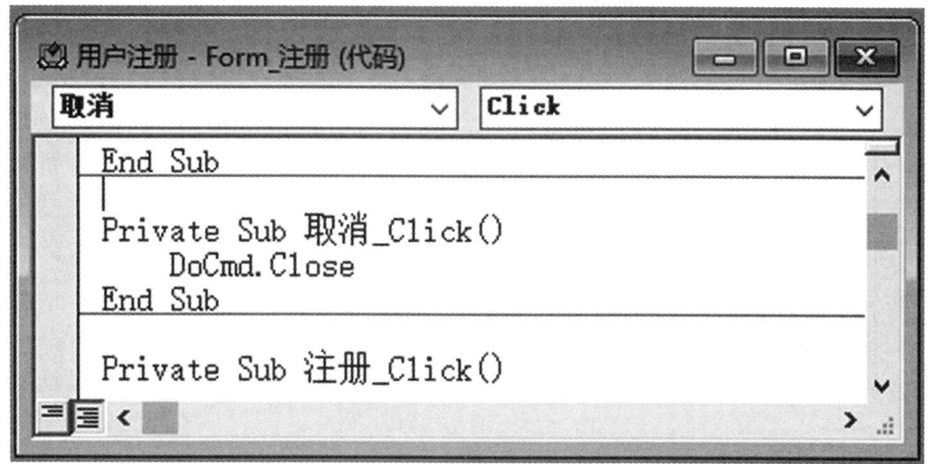

图5-13 注册取消

5.1.4 添加控件

在登录窗体中添加控件“注册账户”来打开“注册”窗体有两种方式:一种是使用“按钮”控件,通过打开窗体的宏或者代码来打开“注册”窗体;另一种是使用“标签”控件的“超链接地址”属性来打开“注册”窗体。

(1)使用“按钮”控件

步骤1:创建“登录”窗体,此过程参考5.1.2。在“登录”窗体上添加 “注册”按钮控件,将其标题改为“注册账户”,如图5-14所示。

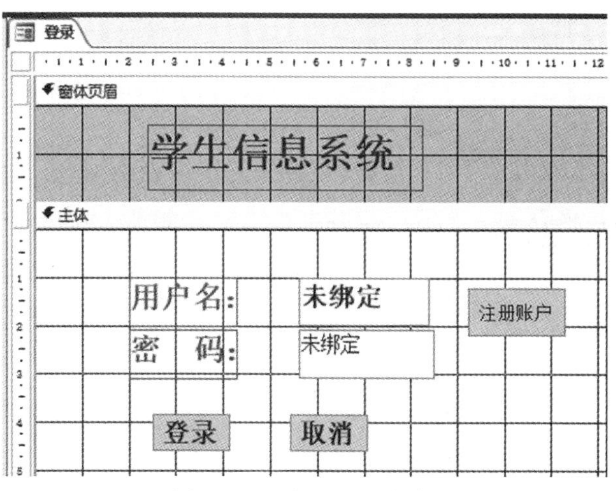

图5-14 “注册”按钮控件

步骤2:为“注册”按钮的单击事件添加事件代码,打开“注册”窗体,如图5-15所示。

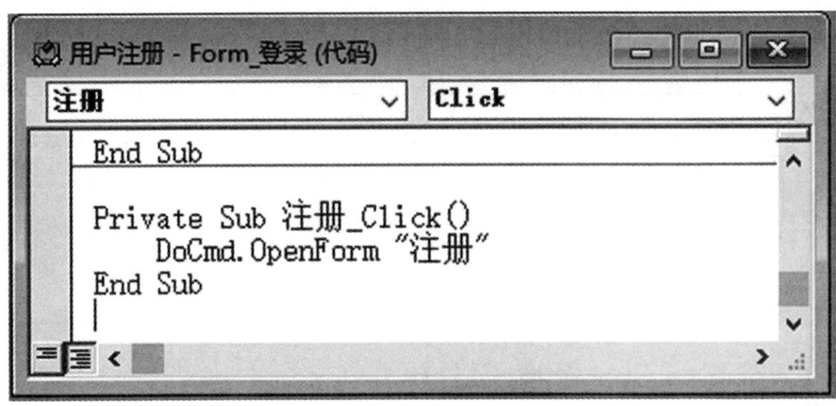

图5-15 “注册”按钮代码

(2)使用“标签”控件

步骤1:创建“登录”窗体,此过程参考5.1.2。在“登录”窗体上添加 “注册账户”标签控件,如图5-16所示。

图5-16 “注册账户”标签

步骤2:为标签添加超链接。在“注册账户”标签的属性表中,单击“超链接地址”属性框右侧的按钮,为该标签设置超链接,如图5-17所示。

图5-17 超链接地址

步骤3：设置超链接地址为“注册”窗体。打开“插入超链接”对话框，单击“此数据库中的对象”选项卡，在“窗体”树状结构中双击“注册”窗体即可，如图5-18所示。

图5-18　链接“注册”窗体

5.2　导航窗体

使用导航窗体可以实现在不同窗体和报表之间进行切换，这样可以在一个窗口中显示所有需要的窗体和报表。

下面以在“Student”数据库中，创建“学生信息管理”导航窗体为例，讲解导航窗体的创建和使用方法。

步骤1：创建导航窗体。单击“创建”选项卡中的“导航”按钮，选择“水平标签”选项，如图5-19所示。

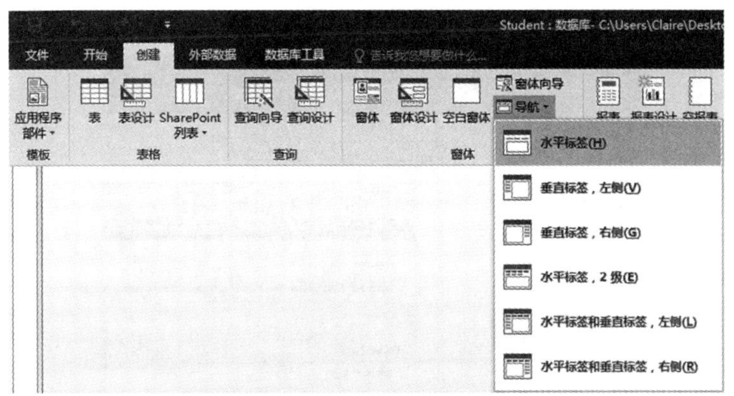

图5-19　水平标签

步骤2：依次拖动导航窗格中已有窗体或报表到导航窗体的标签页上，将这些窗体或报表添加到导航窗体中，如图5-20所示。

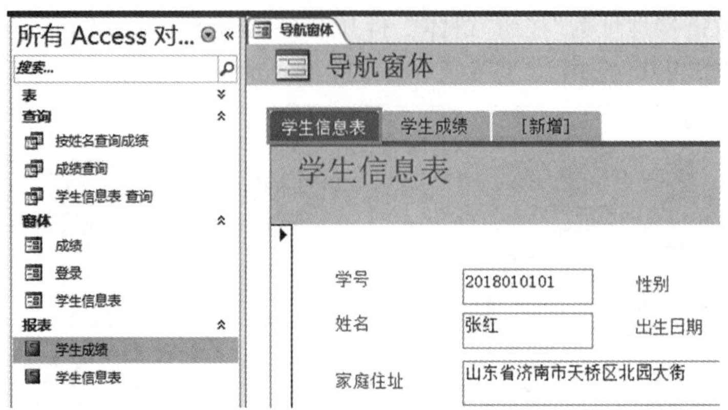

图5-20 导航窗体

步骤3:在属性表中,设置导航窗体的“弹出方式”和“模式”属性为“是”,如图5-21所示,然后设置关闭窗体时关闭数据库的代码。

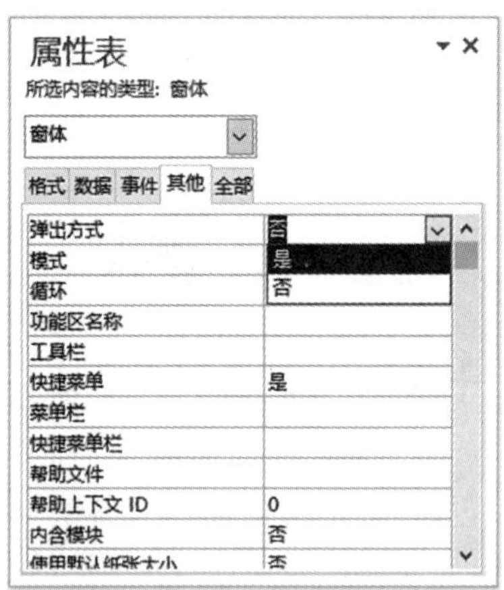

图5-21 设置导航窗体

步骤4:保存导航窗体。输入导航窗体页眉部分标签文字为“学生管理系统”,并以该名称保存窗体,如图5-22所示。

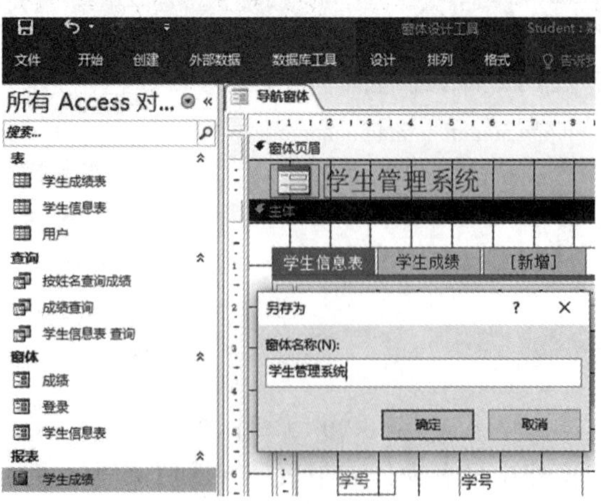

图5-22 导航窗体页眉

步骤5:修改"登录"按钮代码。将"登录"按钮代码中登录成功执行的操作代码修改为打开"学生管理系统"导航窗体的代码,如图5-23所示。

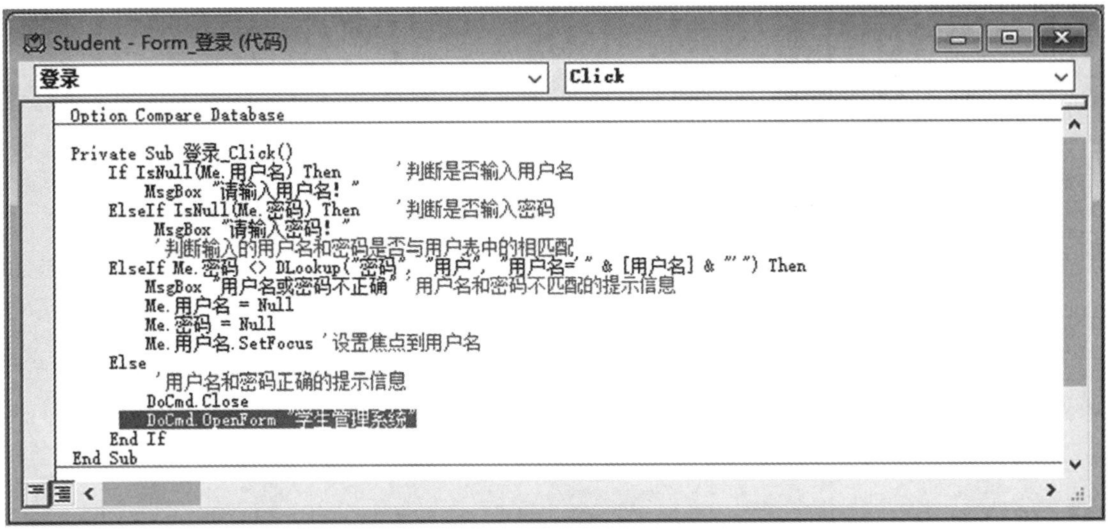

Student - Form_登录 (代码)

登录 | Click

```
Option Compare Database

Private Sub 登录_Click()
    If IsNull(Me.用户名) Then       '判断是否输入用户名
        MsgBox "请输入用户名!"
    ElseIf IsNull(Me.密码) Then     '判断是否输入密码
        MsgBox "请输入密码!"
        '判断输入的用户名和密码是否与用户表中的相匹配
    ElseIf Me.密码 <> DLookup("密码", "用户", "用户名='" & [用户名] & "'") Then
        MsgBox "用户名或密码不正确" '用户名和密码不匹配的提示信息
        Me.用户名 = Null
        Me.密码 = Null
        Me.用户名.SetFocus '设置焦点到用户名
    Else
        '用户名和密码正确的提示信息
        DoCmd.Close
        DoCmd.OpenForm "学生管理系统"
    End If
End Sub
```

图5-23 "登录"按钮代码修改

5.3 数据库设置

对于需要发布的数据库程序来说,在完成数据库应用程序的制作之后,需要进一步设置,使得数据库应用程序和普通的应用程序类似。

通常情况下,需要为数据库设置单独的程序名称、图标、启动项、隐藏程序背景等,这样才能使得数据库应用程序和普通的应用程序相似。

5.3.1 设置程序名称、图标和启动项

为了使数据库应用程序和普通的应用程序相似,可以为数据库应用程序设置单独的程序名称、图标和启动项。在Access中,这些都在"Access选项"对话框中的"当前数据库"选项卡中进行设置。

下面以"学生管理系统"数据库为例,设置其名称、图标和启动项。

步骤1:打开"Access选项"对话框。打开"Student"数据库,单击"文件"主菜单中的"选项"按钮,如图5-24所示,打开"Access选项"对话框。

图5-24 Access选项

步骤2:设置应用程序选项。单击"当前数据库"选项卡,设置"应用程序标题"为"学生管理系统","显示窗体"为"登录",并设置应用程序图标等,如图5-25所示。

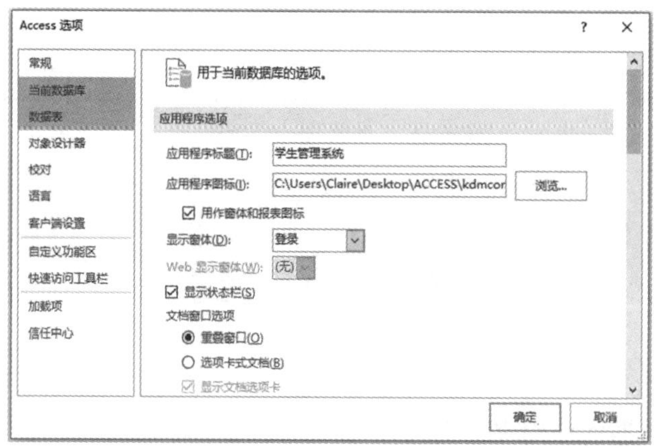

图5-25 应用程序设置

5.3.2 隐藏Access程序背景

对于一些数据库应用程序来说,其设置的窗体已经能够完整地实现数据库应用程序的功能,这时Access的程序背景就显得比较碍眼了,需要将其隐藏。隐藏Access程序背景有两种方法:一种是直接将整个背景隐藏,另一种是将整个背景最小化。

(1)隐藏程序背景

在Access中,需要调用一个API()函数ShowWindow将整个背景隐藏。首先在窗口的模块中声明API()函数,即在代码窗口的开始位置输入以下代码:

```
Option Explicit
Private Declare PtrSafe Function ShowWindowLib "user32" (ByVal hwnd As Long, ByVal nCmd-Show As Long) As Long
```

然后在窗口的加载事件中输入如下代码,即可隐藏窗口。

```
ShowWindow Me.Application.hWndAccessApp, 0
```

如果要将已经隐藏的窗口显示出来，则需要输入以下代码：

ShowWindow Me.Application.hWndAccessApp,1

在将程序背景隐藏之前，需要将程序中所有窗口的“弹出方式”和“模式”属性设置为“是”。

(2)程序背景最小化

将整个程序背景隐藏时，可能会遇到一些意想不到的问题，为了避免这些问题的出现，可以采用将Access程序背景最小化的方法来实现隐藏背景的功能。将Access背景最小化的方法很简单，只需输入如下代码即可实现。

DoCmd.RunCommand acCmdAppMinimize

如果要恢复程序背景，则需输入以下代码。

DoCmd.RunCommand acCmdAppMaximize

下面以“登录”窗体为例，讲解隐藏Access程序背景。

步骤1：隐藏程序背景。在“登录”窗体的加载事件中添加隐藏Access程序背景的代码，如图5-26所示。

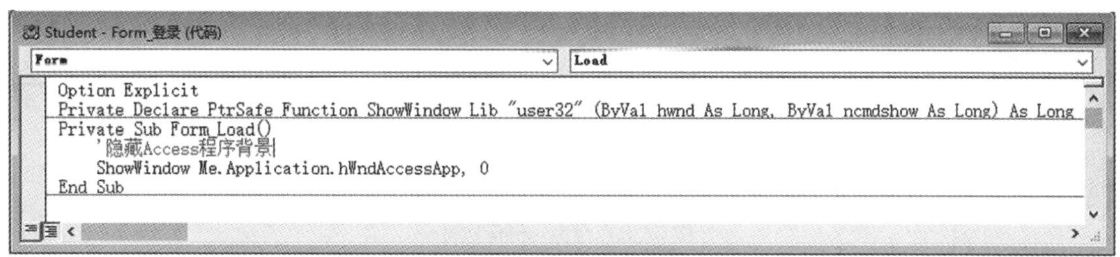

图5-26　隐藏Access背景

步骤2：显示程序背景。在“学生管理系统”窗体的卸载事件中添加显示Access程序背景的代码，如图5-27所示。

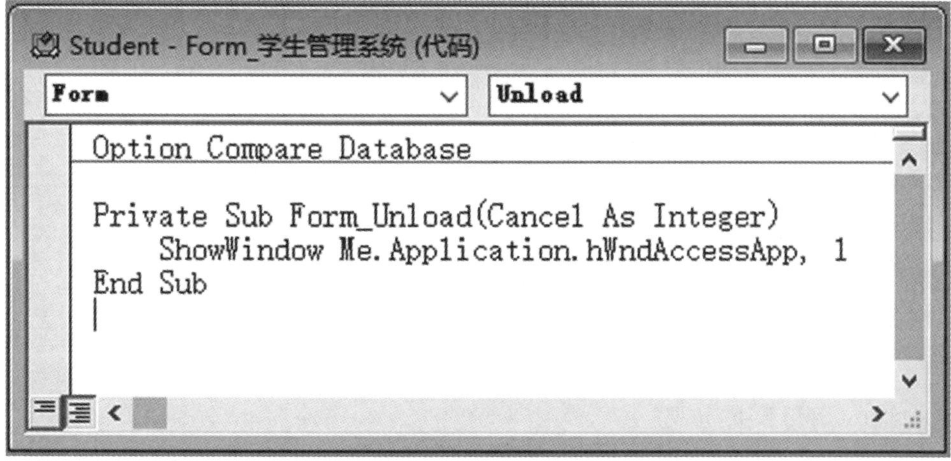

图5-27　显示Access背景

5.4 生成accde文件

为了保护数据库中的窗体、报表和模块等对象不被他人擅自修改、删除、重命名,以及方便导入和导出,可以将设计好并通过测试的数据库转换为accde文件,从而提高数据库的安全性。

生成accde文件的方法很简单,本节以“student”数据库为例讲解其生成方法。打开数据库“student”,在“文件”主菜单中选择“另存为”,在“数据库另存为”中单击“生成ACCDE”项,即可生成accde文件,如图5-28所示。

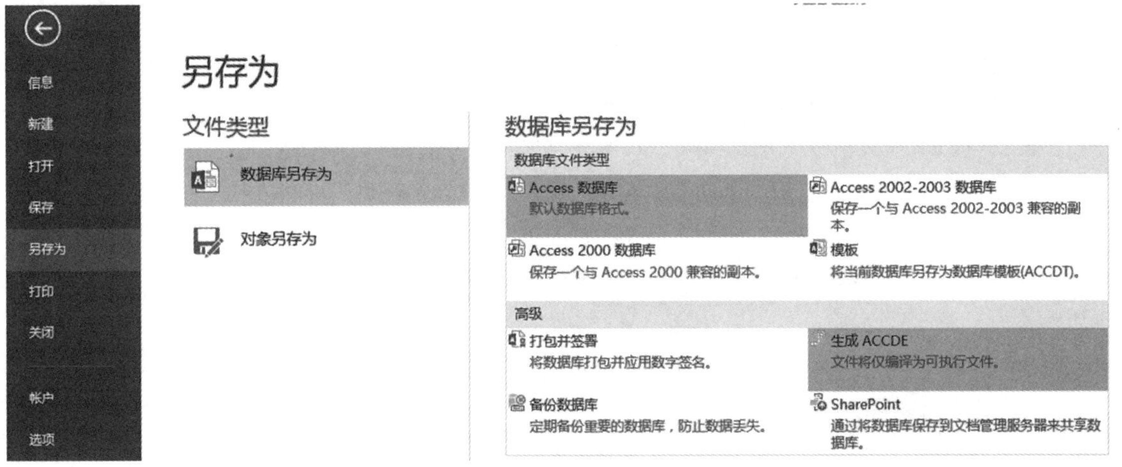

图5-28 存为Accde文件

打开生成的accde文件,在启动程序之后,可以直接作为普通应用程序运行使用。

实验:图书管理系统的设计

一、实验目的

1. 掌握数据库系统的用户管理方法。
2. 掌握数据库系统的功能切换方法。
3. 掌握数据库应用程序的名称和图标的设置方法。
4. 掌握Access程序背景的隐藏和显示方法。

二、实验内容及操作步骤

根据图书管理数据库(bookgl.accdb)制作应用程序“图书管理系统”,根据自行设计的应用程序需要,在数据库bookgl.accdb中添加和修改相应的数据表和窗体等。

1.添加登录功能

为数据库应用添加登录功能,需要添加一个用户表和登录窗体。

2.添加登录窗体的注册功能

用户需要注册,需要为登录窗体添加注册用户的功能。

3.添加图书管理功能

为应用程序添加图书借阅、查询等窗体并实现相应功能。

4.创建导航窗体

使用导航窗体实现在不同窗体和报表之间的切换功能,在一个窗体中显示所有需要的窗体和报表。

5.应用程序设置

为了使数据库应用程序与其他程序相似,为数据库应用程序设置程序名称、图标和启动项等。

6.生成accde文件

为了保护数据和源码,避免他人的修改、删除、重命名,以及导入和导出,将设计好并通过测试的数据库生成accde文件。

第六章　系统分析

系统分析是管理信息系统开发过程中非常重要的一环,也是管理信息系统开发过程中最基本的活动。

系统分析最早由美国兰德公司提出并使用,1945年,美国道格拉斯公司,组织了各个学科领域的专家为美国空军研究“洲际战争”问题,目的是为空军提供有关技术和设备方面的建议,当时称为“研究与开发”(Research and Development,R&D)计划。1948年5月,执行该计划的部门从道格拉斯公司独立出来,成立了兰德公司,“兰德”(RAND)是“研究与开发”英文的缩写。

系统分析以实现系统整体最优为目标,对系统的各个方面进行定性和定量分析,是一个有目的、有步骤的探索和分析过程,为决策者提供直接判断和决定最优系统方案,为决策者提供信息和资料是系统分析的重要程序和核心组成部分。系统分析一般用于重大而复杂问题的分析,如政策与战略性问题的选择分析,新技术的开发与设计,企业系统的输入处理和输出分析等。

系统分析过程总体上分为两步,首先将业务流程或数据流程弄清楚,然后分析出关键问题,提出解决问题的思路,提出新系统拟采用的方案。系统分析具体可分为系统调查、组织功能分析、业务流程分析、数据流程分析、功能分析、提出系统方案等具体过程。

6.1　系统调查

系统调查是指系统地收集和分析现有管理信息系统的相关数据和资料,找出系统的薄弱环节,并采取相应的改进措施。系统调查通常与系统分析同时进行,调查的主要内容是管理信息系统的组成部分,主要包括三个部分,一是资源部分:硬件资源、软件资源和人力资源等;二是数据部分:输入数据、输出数据、系统文件汇编和数据表间关系等;三是各种活动流程:处理程序和业务流程等。

系统调查的目的:一是深入了解企业管理工作中信息处理的全部具体情况,详细描述现有系统的状况;二是说明现有系统的具体问题;三是为新系统的逻辑模型提供可靠的依据。

系统调查分为初步调查和详细调查。详细调查是在所确定的系统范围之内,对现行系统进行全面、深入、详尽的调查和分析,目的是收集一切有关的事实、资料和数据,彻底掌握目前工作的状况和关键环节,为下一步的需求分析及建立逻辑模型提供依据。

6.1.1 系统调查的方法

在系统调查的过程中，只有坚持正确的方法和步骤，才能客观、公正地反映出现有工作中的具体情况，才能为后续研发管理信息系统打下基础。

系统调查的方法很多，不同的管理信息系统可以采用不同的调查方法，下列是常见的系统调查方法，开发者可以根据需要，使用其中一种或多种方法进行系统调查。

(1)收集相关资料

收集资料就是将各部门日常业务中所用的计划、原始凭据、单据和报表等格式和样本全部收集起来，对其进行分析研究，只有较完整地收集相关资料，才能进行调查分析。

(2)召开调查讨论会

调查讨论会的召开是一种集中征询意见的方法，适合于对系统的定期调查，调查讨论会有助于员工意见的相互补充，便于形成较为完整的意见。

(3)个别调查访问

虽然召开调查讨论会有助于意见的互相补充，但是会受到时间因素等条件限制，讨论会上不能完全且完整反映出每个参会者的真实想法。因此，在调查讨论会后应根据具体情况，合理安排个别人员的单独访问调查。

(4)书面调查法

根据系统开发过程中的需要，设计书面调查表，用调查表向相关部门和人员征求意见并收集部门数据和个人相关数据。当系统较复杂时，需要调查的部门和人员数量较大，涉及调查的范围较广泛，采用书面调查法不仅节约时间而且能获得较好的调查效果。

(5)参与具体业务实践

开发人员在外部条件允许的情况下，可以亲自参与企业业务处理的相关过程，业务实践是了解企业现有管理信息系统的最好方法。通过自身实践，加大开发人员和企业用户间的交流沟通，有利于下一步的系统开发工作；通过参与实践，开发人员可以非常有效地发现问题的本质及找出解决问题的方法。

(6)电子邮件调查法

绝大多数企业已经使用了办公自动化系统，企业自身也拥有企业信息网络，开发人员可以通过Internet或企业内部网发送电子邮件进行系统调查。电子邮件调查法是一种高效的调查方法，其本质是以电子邮件为沟通手段的书面调查法。电子邮件调查法可以大量节省时间、人力、物力和资金。

(7)视频会议调查

在条件允许的情况下，开发人员可以利用电话电视会议的方式进行调查，也可利用网络视频会议进行调查，但这种调查方式只是系统调查的补充手段，不能依靠这种方式进行大量的信息收集。

6.1.2 系统调查的内容

多数情况下,软件使用者在软件开发之前就有一个框架性的预期目标,希望软件开发后能达到某些要求或某种功能,软件开发人员要反复与使用者进行交流,确定一个较为明确的可行的系统目标。

详细调查的具体任务有:组织机构和功能业务、组织目标和发展战略、工艺流程和产品构成、业务流程与工作形式、数据与数据流程、管理方式和具体业务的管理方法、决策方式和决策过程、可用资源和限制条件及存在问题和改进意见等。

软件开发者在与使用者进行交流时,主要讨论下列相关问题:

(1)企业和环境概况:包括企业发展历史、发展目标和经营战略、规模、产品结构和水平、技术水平、经济实力、人员数量及结构、设备情况、组织机构、地理分布、客户特点及分布、国家对企业发展的有关政策、同行业发展情况、竞争对手情况、产品市场动态等;

(2)信息处理状况:调查企业固定信息与流动信息量、信息处理的过程与能力、人员状况、技术条件、计算机应用情况、工作效率等基本情况,在此基础上进一步了解现行系统存在的问题,不能满足用户的需求部分是什么,需要解决的关键问题是什么等;

(3)系统开发所需资源情况:企业在开发应用新的管理信息系统的过程中,企业准备投入的资金、物力、人力及其他相关来源,企业对新项目的支持程度等情况的调查;

(4)企业高层意识情况调查:企业领导和各职能部门主要负责人对新项目的重视程度、希望达到的目标、项目实施后需要使用的范围、项目对企业的效益和效率的提升期望等问题的具体情况调查。

下面是某同学开发项目时需要了解智能手机对当代大学生的具体影响情况,对在校大学生使用智能手机的书面问卷调查样例。

智能手机对大学生影响情况的调查问卷

大学生是手机消费群体的重要部分。在大学校园中,手机无处不在,它已经渗透到了各个角落,成了大学生生活的一部分。在此,我们对大学生手机使用情况进行调查,感谢您在百忙之中抽出宝贵的时间做这份调查问卷,对于您所填写的数据我们会保密,谢谢您的参与。

一、单选题

1.您的性别?

○ 男

○ 女

2.您的年级?

○ 大一

○ 大二

○ 大三

○ 大四

3. 您属于哪个学科?

○ 理工类

○ 文史类

○ 医学类

○ 其他类

4. 您使用智能手机年限?

○ 半年以内

○ 半年到一年

○ 一年到三年

○ 三年以上

5. 您觉得手机在您的生活中重要吗?

○ 非常重要,生活中不可缺少的部分

○ 完全不重要

○ 一般,可有可无

6. 您平均一天使用手机的时间?

○ 1小时以内

○ 1~2小时

○ 2~3小时

○ 3小时以上

7. 您一个月的手机使用资费是多少?

○ 50元以下

○ 50~100元

○ 100~150元

○ 150~200元

○ 200元以上

8. 您每月生活费是多少?

○ 600以下

○ 600~1000元

○ 1000~1500元

○ 1500元以上

9. 您是否因为使用智能手机而冷落过家人或朋友?

○ 从不

○ 偶尔

○ 经常

10. 您是否因为使用智能手机并沉溺其中而耽误过一些事?

○ 从不

○ 偶尔

○ 经常

11. 您是否在考试时用智能手机获取过信息?

○ 从不

○ 偶尔

○ 经常

12. 总体上,智能手机对您的影响如何?

○ 没影响

○ 积极影响大于消极影响

○ 消极影响大于积极影响

二、多选题

13. 在日常生活中您使用了手机哪些功能?

□ 玩手机游戏

□ 浏览新闻

□ 上网聊天

□ 观看视频

□ 学习

□ 通讯

□ 购物

□ 其他娱乐

14. 您平时主要在哪些场合玩手机?

□ 聚会

□ 上课

□ 吃饭

□ 会议

□ 其他时间

15. 您在课堂上使用智能手机的多数原因?

□ 对这门课不感兴趣

□ 老师上课呆板无趣

□ 玩手机更加有吸引力

□ 平常习惯

□ 课堂学习需要

16. 您认为智能手机给您带来了什么积极影响?

□ 便捷获得各类信息

□ 出行旅游更方便

□ 方便交流

□ 提高学习效率

□ 其他

17. 您认为智能手机给您带来了什么消极影响?

□ 学习注意力下降

□ 身体健康受影响

□ 手机使用资费逐渐增多

□ 对手机的依赖日益明显

□ 生活圈子变小

□ 浪费大量时间

□ 让人更加封闭

□ 其他

18. 您对智能手机有什么看法,对智能手机所带来的消极影响,您有什么应对措施?

当书面问卷样本数量较大时,可以通过设计问卷网页来进行详细调查,也可以利用第三方调查网站设计调查样本。一般情况下,调查样本数量较大时,问卷调查以选择题为主,有利于程序自动统计问卷结果并形成问卷调查报告。下面是利用第三方问卷调查报告网站生成的调查问卷样本,主要调查管理信息系统开发中的相关需求,问卷中的第21题用来检验受访者是否随机选择答案而没有认真作答。

软件开发研究调查问卷

1. 您目前的工作职务?

○ 企业业主/合伙人/股东○ 高层管理人员/领导○ 开源软件开发者

○ 工人/农民○ 学生○ 其他

2. 我相信这个项目参与者的行为能够实现我的利益最大化。

○ 不同意○ 既同意也不同意○ 同意

3. 如果我寻求帮助,项目中的参与者会尽全力来帮助我。

○ 不同意○ 既同意也不同意○ 同意

4. 项目中的参与者不只为自己,也在为我的利益考虑。

○ 不同意○ 既同意也不同意○ 同意

5. 项目中的参与者会努力解决我担心的事。

○ 不同意○ 既同意也不同意○ 同意

6. 我认为这个项目的参与者都很诚实。

○ 不同意○ 既同意也不同意○ 同意

7. 这个项目的参与者会信守他们的承诺。

○ 不同意○ 既同意也不同意○ 同意

8. 这个项目的参与者在开发开源软件的工作中很有能力。

○ 不同意○ 既同意也不同意○ 同意

9. 这个项目的参与者在开源软件开发的过程中能够很好地完成他们的任务。

○ 不同意○ 既同意也不同意○ 同意

10. 一般来说,这个项目的参与者掌握很多开源软件的相关知识。

○ 不同意○ 既同意也不同意○ 同意

11. 我所在组织的管理者鼓励我们参与到开源软件的开发中去。

○ 不同意○ 既同意也不同意○ 同意

12. 我从事开源软件的开发是因为其他人也在这里工作。

○ 不同意○ 既同意也不同意○ 同意

13. 我之所以参与开源软件的开发,很大程度上是受到了其他人对开源软件高度关注的影响。

○ 不同意○ 既同意也不同意○ 同意

14. 在我为这个项目工作的时候,我感觉我十分胜任这一工作。

○ 不同意○ 既同意也不同意○ 同意

15. 在项目中是否得到报酬?

○ 是,作为工资○ 是,作为奖励○ 是,作为额外收入○ 否

16. 如果是,报酬的多少是否根据你贡献的多少所决定?

○ 是○ 否

17. 如果是，你会定期地得到报酬吗？
○ 是○ 否
18. 在这个项目中，我得到了很多展示能力的机会。
○ 不同意○ 既同意也不同意○ 同意
19. 我认为在为这个项目工作的时候，我可以做我自己。
○ 不同意○ 既同意也不同意○ 同意
20. 我真的很喜欢在这个项目中工作的人。
○ 不同意○ 既同意也不同意○ 同意
21. 此题没有具体问题，请直接点击“同意”选项。
○ 不同意○ 既同意也不同意○ 同意
22. 我与这个项目中的其他参与者相处得十分融洽。
○ 不同意○ 既同意也不同意○ 同意
23. 我比较重视参与开源软件开发给我带来事业上的帮助。
○ 不同意○ 既同意也不同意○ 同意
24. 我比较在意我为自己制定的参与开源软件开发所能得到的收益目标。
○ 不同意○ 既同意也不同意○ 同意
25. 我希望其他人能发现我有多擅长软件开发。
○ 不同意○ 既同意也不同意○ 同意
26. 对于我来说，在参与项目过程中获得的成功意味着我比别人做得好。
○ 不同意○ 既同意也不同意○ 同意
27. 我真的觉得这个项目的问题就是我需要解决的问题。
○ 不同意○ 既同意也不同意○ 同意
28. 这个项目团体对于我来说有很多的个人意义。
○ 不同意○ 既同意也不同意○ 同意
29. 我对这个项目小组的感觉非常好。
○ 不同意○ 既同意也不同意○ 同意
30. 我参与这个项目是因为它的价值观。
○ 不同意○ 既同意也不同意○ 同意
31. 如果开源软件开发群体的价值观不同了，我就不会再接触它了。
○ 不同意○ 既同意也不同意○ 同意
32. 我十分享受从事开源软件的开发工作。
○ 不同意○ 既同意也不同意○ 同意

6.2 可行性分析

作为项目开发过程中必不可少的一个关键环节,可行性分析报告是项目调查报告在已经通过的基础上,主要对项目市场、技术、财务、工程、经济和环境等方面进行精确、有序、完整地分析,包括市场和销售、规模和产品、原辅料供应、工艺技术、设备选择、人员组织、实施计划、投资与成本、效益及风险等的计算、论证和评价,选定最佳方案。依据可行性分析报告确定是否应该投资开发该项目以及如何投资,为项目的开发提供科学依据,并为下一过程开展前期工作。

软件项目的可行性分析与其他项目可行性分析有一定的区别,主要区别是通过对软件应用的市场需求、资源供应、建设规模、工艺路线、设备选型、环境影响、资金筹措、盈利能力等方面的分析研究,从技术、经济、社会等角度对软件项目进行比较分析,并对软件项目建成并实施后可能取得的工作效率、经济效益及社会影响等进行科学预测,为软件项目的决策提供公正、可靠、科学的咨询意见。只有解决方案经过研究分析可行且有一定的经济效益和社会效益后,才能开始计算机系统的研发。

可行性分析报告包含的内容很多,不同的软件项目包含的内容各不相同,但一般情况下都包含有技术可行性分析、经济可行性分析和社会可行性分析。

6.2.1 技术可行性

技术可行性是指软件项目开发过程中所应用的技术不能突破项目开发小组拥有或掌握的资源条件和技术水平。在进行技术可行性分析时必须全面考虑软件开发过程应用到的所有技术问题,要尽可能采用成熟技术,新出现的技术要谨慎使用。在进行软件项目的技术可行性分析时,常常要包含下列几个方面。

(1)全面分析所有技术问题

软件开发过程中涉及多方面的技术问题,包括软件开发方法、软硬件平台的构建、网络结构的选择与实施、系统布局和结构搭建、输入输出系统的设计、系统相关技术的确立等。技术可行性分析中应该全面且客观地分析这些技术的优点与不足,尽量避免开发小组不熟悉的技术和开发平台,减少实施的风险性。

(2)尽量使用成熟技术

成熟的软件开发技术是经过大量软件开发人员使用并被反复验证的开发技术,在开发软件项目时具有较高的成功率。成熟的软件开发技术经过长时间大范围的使用,被不断地补充和优化,其精细程度、优化程度、可操作性、经济性等方面比新兴技术好。因此,在软件项目开发过程中,在满足系统开发需要、能够适应系统发展、保证软件开发成本的情况下,应该尽量采用成熟度较高的技术来提高实施过程中的可靠性和有效性。

(3)慎重使用新兴技术

在软件项目的开发过程中,为了解决系统的某个特殊问题,或者为了使开发系统具有更好的适应性,有时会采用某些先进或前沿技术。但是,前沿的先进技术实际上仍处在实验阶段,其实用性和适应性并没有得到完全解决,也没有经过大量实践验证,在选择这种技术时必须慎重。因此,在选用先进技术时,需要全面分析该技术的成熟程度和风险性,如果不加分析,在项目开发过程中盲目采用新兴技术,软件在应用实施时会出现许多难以解决的具体问题。

(4)以项目开发人员为主

软件项目开发过程中需要应用多种多样的技术,这些技术也具有较高的成熟度和实施可行性,但是如果开发团队中没人掌握这些技术,项目开发过程中又没有引进相关技术人员,这种成熟的开发技术对本项目的开发是不可行的。因此,项目开发技术必须以项目开发小组成员掌握的技术为基础进行可行性分析。

技术可行性分析的最终结果是形成技术可行性分析报告,报告需要对原有系统和即将开发的系统进行全面的技术分析,对新旧系统进行技术指标的比较,分析出新系统具有的优势,以及其对设备、用户、开发环境、运行环境和资金流动的影响,最后完成综合的技术可行性评价。一般情况下,技术可行性分析报告应该包括这样几个方面:功能目标能否达到;性能目标能否达到;开发人员的数量和质量能否完成系统开发;在规定期限内,项目能否开发完成。

6.2.2 经济可行性

经济可行性是指软件开发过程中可以使用的各种资源(人力资源、资金、物流、软硬件环境等)的可能性,任何一个软件开发项目都存在资源使用的合理性和有限性问题。经济可行性分析主要包括两个方面的内容:一是新方案实施过程中占有和使用经济资源的可能性;二是实施新方案所需成本和取得效益之间的比值。如果新方案实施过程中的成本大于收益,显然这个方案是不可行的。

经济可行性的具体衡量标准有投入产出比(Input/Output)、效率(Efficiency)、效力(Effectiveness)和利润率(Profitability)等。效率是指以最小的投入获取最大的产出;效力则是指以最小的成本实现目标。在经济可行性的分析报告中,一般会对上述指标中的一个或多个进行分析,便于说明该方案的可实施性。

6.2.3 社会可行性

社会可行性包含的内容比较广泛,一般情况下,社会可行性需要从政策、法律、道德、制度、管理、人员等社会因素出发,论证系统开发的可能性和实现概率。新系统的开发不能违背现有社会制度、不能违反法律法规、不能与相关政策条例相抵触,新系统在实施过程中必须遵守社会道德,合理管理及分配人力资源。

作为即将建设的管理信息系统项目,必须在国家有关的规划、政策、法规的指导下完成,进行社会可行性分析的主要内容包括下列内容。

(1)国家经济和社会发展的长期规划;

(2)部门与地区规划;

(3)经济建设的指导方针、任务、产业政策、投资政策和技术经济政策;

(4)国家和地方法规;

(5)国家进出口贸易政策和关税政策;

(6)本地自然、经济、社会等基础资料;

(7)国家(地区、行业)的相关工程技术;

(8)经济方面的法令、法规、标准;

(9)国家颁布的项目可行性研究及经济评价的相关规定;

(10)各种市场信息的调研报告。

社会可行性分析最终形成的分析报告主要评估软件开发项目的市场风险、组织风险、法律风险、经济及社会风险等因素,制定规避风险的对策,为项目全过程的风险管理提供分析策略。

6.3 功能分析

从管理学的角度讲,功能分析是指从软件的功能与成本方面来分析它的价值,找出降低成本或提高功能的具体过程。功能分析的主要内容包括功能定义、功能整理、功能成本分析和功能评价。功能分析从提高软件价值的目标出发,从分析软件功能入手,通过给软件功能下定义,准确掌握用户对软件及其构成要素所要求的功能。经过功能分析后,画出软件的功能模块图,明确各功能模块之间的联系,在功能模块图的基础上,提出实现各功能模块的相关要求。

6.3.1 组织结构图

组织结构图是把企(事)业组织分成若干部分,并且标明各部分之间可能存在的各种关系。组织结构图中的关系包括上下级领导关系,物流关系,资金流关系和资料传递关系等。所有这些关系都伴随着信息流。在组织结构图的基础上,把每种内在联系用一张图表达出来,或者在组织结构图上加上各种联系符号,以更好地反映、表达各部门间的真实关系。组织结构图不是简单的组织机构表,在描述组织结构图时注意不能只简单地表示各部门之间的隶属关系,组织结构图可以使用户清楚自己在组织内的工作,提高用户参与工作的热情,其他部门的用户也清楚相互之间的关系,从而增强组织间的协作。

某大学的组织结构如图6-1所示。

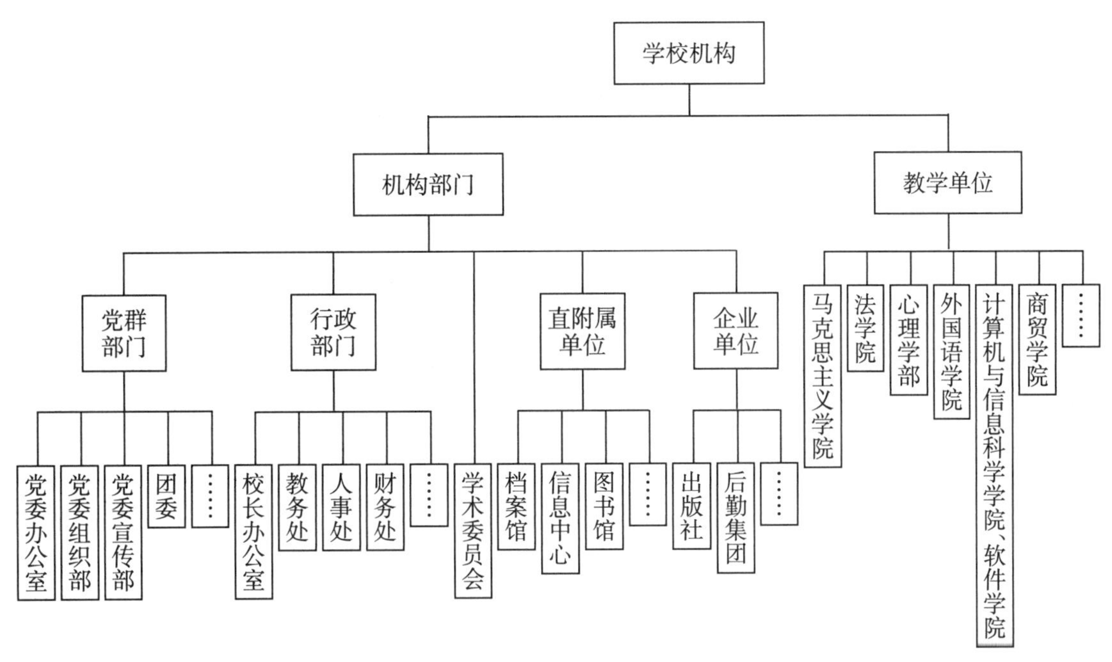

图6-1 某大学组织结构图

6.3.2 系统分析

系统分析是以系统的整体最优为目标，对系统的各个方面进行定性和定量分析。系统分析是一个有目的、有步骤的探索和分析过程，为决策者提供直接判断和最优系统方案所需的相关信息资料。因此，系统分析是软件项目开发中一个重要步骤和核心内容。在工程领域，系统分析的应用范围很广，可用于重大而复杂问题的分析，如政策与战略性问题的分析、选择，新技术的开发、设计，企业系统的输入输出处理的分析等。

系统分析的主要步骤有：

(1)对研究的对象和需要解决的问题进行系统地说明，找出解决问题的范围和重点；

(2)通过资料的收集分析，找出各因素间的关系，提出可解决问题的方案；

(3)根据不同系统的性质和要求，建立各种满足要求的数学模型；

(4)运行并比较各种数学模型的结果，权衡各种方案的优缺点；

(5)分析后确定最佳方案，否则按照原步骤重新分析直到找到最佳方案为止。

系统分析的主要原则有：

(1)对提出的各种方案进行分析比较，不能盲目追求先进技术，也不能限制必要投资；

(2)从全局观念出发，寻求系统整体最优而不是局部最优；

(3)系统分析不仅需要科学的分析技术，而且需要决策者的直观判断和丰富经验；

(4)系统分析必须找出主要矛盾，分析出主要矛盾的解决途径和方法。

6.3.3 功能模块图

功能模块图是按照功能从属关系而绘制的图形,图中的每一个框都称为一个功能模块。不同的软件中,功能模块可以根据具体需求进行大模块或小模块的划分。较大的功能模块可以是完成某个任务的一系列过程,较小的功能模块可以是一小段代码。

功能模块图的设计过程就是把一个复杂的系统分解为多个功能较单一的步骤的过程。这种分解方法被称为模块化方法。模块化方法是一种重要的设计思想方法,这种方法把一个复杂的系统分解为一些规模较小、功能较简单、更易于建立和修改的部分,各个模块间具有相对独立性,可以分别实现。模块的细分及模块的独立化,有利于系统的升级与维护。功能模块的分解是一个由抽象到具体、由复杂到简单的过程。功能模块图中的每个框被称为一个功能模块,功能模块图是对系统解决方案的详细分析,详细描述各个功能列表的构成,划分时从大到小,从粗到细,从上到下来进行。一般情况下,上层功能包括或控制下层功能,上层功能比较抽象,下层功能具体实施。

模块之间的相互关系可以通过一定的方式给予说明,各模块在这些关系的约束下共同构成统一的整体,完成系统的各项功能。

某种牛信息管理系统的功能模块设计如图6-2所示,其中,“日常管理”模块可以具体细分,细分后的功能模块如图6-3所示。

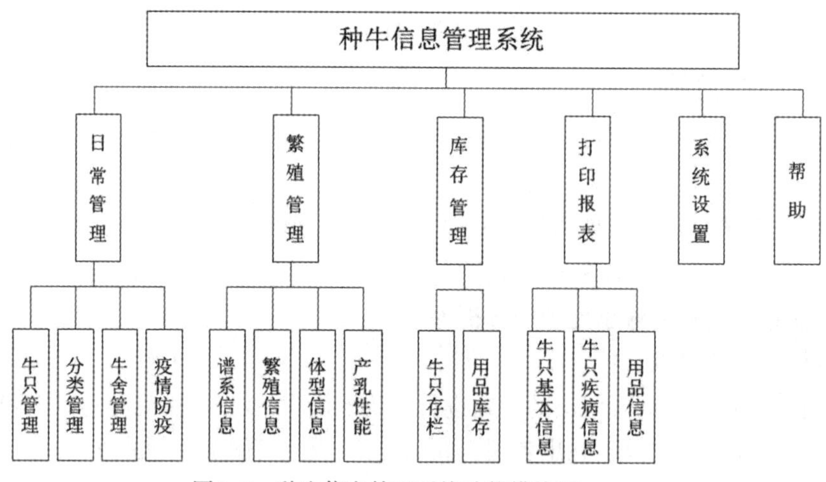

图6-2 种牛信息管理系统功能模块图

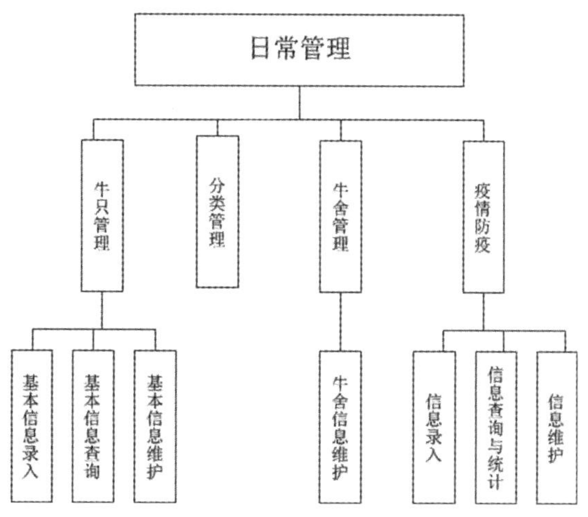

图6-3　日常管理功能模块图

6.4　业务流程分析

业务流程分析是对业务功能分析的进一步细化，从而得到业务流程图的过程，反映出企业业务处理的全过程。业务流程分析能确定流程工作与合作建模的基本要素，更好地分析其他共同要素及其间的关系，例如业务目标、业务策略、面对的问题、产生的影响、组织机构参与者或者相关的企业架构。

6.4.1　数据流程分析

数据流程分析就是把数据在现行系统内部的流动情况抽象出来，舍去具体组织机构、信息载体、处理工作等物理组成，单纯从数据流动过程来考察实际业务的数据处理模式。数据流程分析主要包括对信息的流动、变换、存贮等的分析。数据流程分析的目的是发现和解决数据流动中的问题，需要解决的问题主要有：数据流程不畅，前后数据不匹配，数据处理过程不合理等。根据发现的问题找到产生问题的原因，常见的原因有现行管理混乱、数据处理流程本身有问题、调查数据流程有误或作图过程有误。

数据流程分析必须对系统调查中所有搜集的数据以及处理流程进行分析和整理，如有模糊不清的地方必须立刻重新调查；如有数据不全、采集过程不合理、处理过程不畅等问题，必须在数据流程分析中解决。现有的数据流程分析多是通过分层的数据流程图(Data Flow Diagram，简称DFD)来实现的。数据流程图包括下列内容。

(1)指明数据存储的符号(也可指存储的媒体)；

(2)指明执行数据处理的符号；

(3)指明处理和数据媒体之间的数据流及其符号；

(4)其他便于读写数据流程图的特殊符号。

绘制数据流程图的主要步骤如下：

(1)确定系统的输入输出

了解系统从外部接受的数据和系统向外部输出的数据信息，根据这些信息绘制出数据流图的外围。

(2)由外向内绘制顶层数据流图

将系统的输入数据和输出数据用一连串的加工连接起来,数据流中,值发生变化的地方就是加工。给各个加工命名,并给加工之间的数据命名。

(3)自顶向下逐层分解

对于大型的系统,为了控制复杂性,便于理解,需要采用自顶向下逐层分解的方法进行,即用分层的方法将一个数据流图分解成几个数据流图来分别表示。

数据流程图的基本元素有四种,如图6-4所示。

数据流

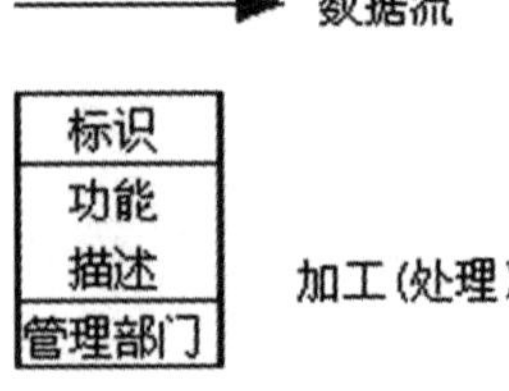

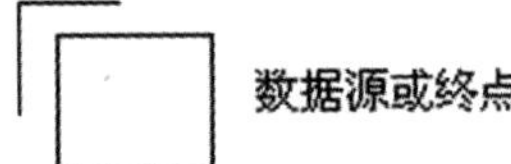

数据源或终点

图6-4　数据流程图的基本元素

利用数据流程图的基本元素进行组合,即可分析出某些业务流程,图6-5表示某试卷自动生成系统的数据流程图。

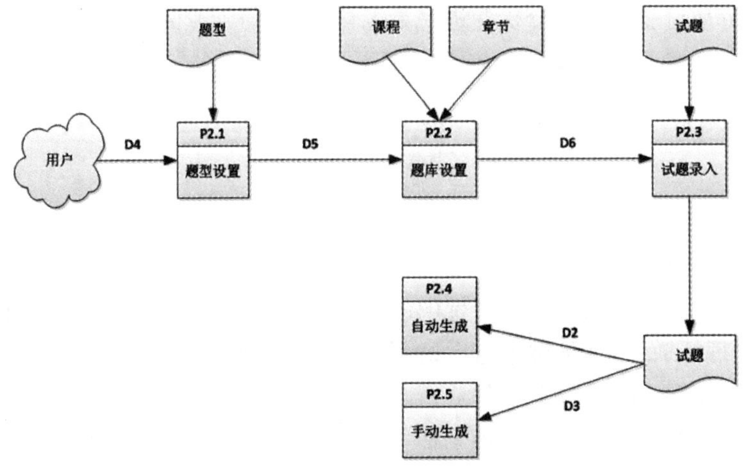

图6-5　数据流程图举例

6.4.2　U/C矩阵

U/C矩阵用来表达过程与数据两者之间的关系。矩阵中的行表示数据类,列表示过程,并以字母U(Use)和C(Create)来表示过程对数据类的使用和产生。

U/C矩阵是管理信息系统开发中系统分析阶段的一个重要工具,可用关系数据库实现U/C矩阵,并对其存储、正确性检验等做出分析,同时利用结果进行子系统划分。

U/C矩阵是一张表格,可以显示数据功能系统化分析的结果。U/C矩阵表的左边第一列显示系统中各功能的名称，上面第一行显示系统中各数据类的名称，然后在表中各功能与数据类的交叉处，填写功能与数据类的关系。

U/C矩阵的正确性，可由三方面来检验：

(1)完备性检验

每一个数据类必须有一个产生者(即“C”)和至少有一个使用者(即“U”)；每个功能必须产生或者使用数据类，否则这个U/C矩阵是不完备的。

(2)一致性检验

每一个数据类仅有一个产生者，即在U/C矩阵中每个数据类中只有一个“C”；如果有多个产生者的情况出现，则会产生数据不一致的现象。

(3)无冗余性检验

每一行或每一列必须有“U”或“C”，不允许有空行空列；若存在空行空列，说明该功能或数据的划分是冗余的。

在软件设计时，常常利用U/C矩阵来划分子系统的功能，具体的步骤为：

(1)用U/C矩阵表的行和列分别记录下企业各个流程的数据类与过程，U/C矩阵表中功能与数据类交叉点上的符号C表示该数据由该功能产生，U表示该功能使用某个数据类；

(2)把U/C矩阵表重新排列，按功能进行排列，接着调换数据类的横向位置，使得矩阵中C的位置靠近对角线；

(3)将U和C最密集的地方框起来，然后命名，就完成子系统的定义，框外的U数据说明子系统间的数据流关系。

图6-6是某软件的U/C矩阵图示例。

	原料库存	成品库存	工作指令	机器负荷	材料供应
库存控制	C	C	U		U
调度			C	U	
生产计划			C	U	U
物料需求				C	
操作顺序					C

图6-6 U/C矩阵图示例

6.5 系统分析报告

系统分析报告又称系统说明书，是系统分析阶段的成果和重要文档，反映出本阶段调查分析的全部情况，是实现系统的主要依据。

用户可以通过系统分析报告来验证和认可新系统的开发策略和开发方案，而系统设计师则可以知道系统设计工作及后续实现系统设计的标准。此外，系统分析报告还可作为评价项目成功与否的标准。一份合格的系统分析报告不仅能充分展示前段调查的结果，还要反映系统分析结果——新系统逻辑方案。系统分析报告应达到的基本要求是全面、系统、准确、翔实、清晰地表达系统开发的目标、任务和系统功能。

系统分析报告的主要内容包括以下五方面：

(1)系统开发项目概述；

(2)现行系统概况；

(3)需求系统说明；

(4)新系统的逻辑方案；

(5)系统实施计划。

《计算机软件文档编制规范(GB-T8567-2006)》对系统分析报告有明确的要求，项目开发者需要参考国家标准进行软件项目系统分析报告的撰写。在《计算机软件文档编制规范(GB-T8567-2006)》中，对系统分析报告的相关要求如下所示。

可行性分析(研究)报告(FAR)

说明：

一、可行性分析(研究)报告(FAR)是项目初期策划的结果，它分析了项目的要求、目标和环境；提出了几种可供选择的方案；并从技术、经济和法律各方面进行了可行性分析。可作为项目决策的依据。

二、FAR也可以作为项目建议书、投标书等文件的基础。

可行性分析报告的正文格式如下：

1. 引言

本报告分为以下几条。

1.1 标识

本条应包含本文档适用的系统和软件的完整标识，(若适用)包括标识号、标题、缩略词语、版本号和发行号。

1.2 背景

说明项目在什么条件下提出，提出者的要求、目标、实现环境和限制条件。

1.3 项目概述

本条应简述本文档适用的项目和软件的用途，它应描述项目和软件的一般特性；概述项目开发、运行和维护的历史；标识项目的投资方、需方、用户、开发方和支持机构;标识当前和计划的运行现场;列出其他有关的文档。

1.4 文档概述

本条应概述本文档的用途和内容,并描述与其使用有关的保密性和私密性的要求。

2. 引用文件

本报告应列出本文档引用的所有文档的编号、标题、修订版本和日期,本报告也应标识不能通过正常的供货渠道获得的所有文档的来源。

3. 可行性分析的前提

3.1 项目的要求

3.2 项目的目标

3.3 项目的环境、条件、假定和限制

3.4 进行可行性分析的方法

4. 可选的方案

4.1 原有方案的优缺点、局限性及存在的问题

4.2 可重用的系统,与要求之间的差距

4.3 可选择的系统方案1

4.4 可选择的系统方案2

4.5 选择最终方案的准则

5. 所建议的系统

5.1 对所建议的系统的说明

5.2 数据流程和处理流程

5.3 与原系统的比较(若有原系统)

5.4 影响(或要求)

5.4.1 设备

5.4.2 软件

5.4.3 运行

5.4.4 开发

5.4.5 环境

5.4.6 经费

5.5 局限性

6. 经济可行性(成本及效益分析)

6.1 投资

包括基本建设投资(如开发环境、设备、软件和资料等),其他一次性和非一次性投资(如技术管理费、培训费、人员工资、奖金和差旅费等)。

6.2 预期的经济效益

6.2.1 一次性收益

6.2.2 非一次性收益

6.2.3 不可定量的收益

6.2.4 收益/投资比

6.2.5 投资回收周期

6.3 市场预测

7. 技术可行性(技术风险评价)

本公司现有资源(如人员、环境、设备和技术条件等)能否满足此工程和项目实施要求,若不满足,应考虑补救措施(如需要分承包方参与、增加人员、投资和设备等),涉及经济问题应进行投资、成本和效益可行性分析,最后确定此工程和项目是否具备技术可行性。

8. 法律可行性

系统开发可能导致的侵权、违法和责任。

9. 用户使用可行性

用户单位的行政管理和工作制度,使用人员的素质和培训要求。

10. 其他与项目有关的问题

未来可能的变化。

11. 注解

本报告应包含有助于理解本文档的一般信息(例如原理)、需要的术语和定义、所有缩略语和它们在文档中的含义的字母序列表。

12. 附录

附录可用来提供那些为便于文档维护而单独出版的信息(例如图表、分类数据)。为便于处理,附录可单独装订成册。附录应按字母顺序(A,B 等)编排。

实验:系统分析报告

一、实验目的

1. 掌握系统调查的方法。

2. 掌握系统分析的方法。

3. 掌握U/C矩阵的使用方法。

4.掌握组织结构图的绘制方法。

5.掌握系统功能模块的划分方法。

6.掌握系统分析报告的书写方法。

二、实验内容

1.选择与自己紧密联系的主题,完成书面问卷的设计。

2.绘制自己所在学院的组织结构图。

3.自己选择某个主题(如:学生成绩管理系统、学生宿舍管理系统、图书借阅管理系统等),完成系统功能模块图的绘制。

4.根据第3题选择的系统,撰写系统分析报告。

第七章　系统设计

系统设计是在系统分析的基础上,设计出能满足预定目标的系统的过程。系统设计内容主要包括:确定设计方针和方法,将系统分解为若干子系统,确定各子系统的目标、功能及其相互关系,确立子系统的管理体制和控制方式,对各子系统进行技术设计和评价,对全系统进行技术设计和评价等。

系统设计通常采用两种方法:归纳法和演绎法。用归纳法进行系统设计的思想是尽可能地收集现有的和过去的同类系统的设计方案;并对收集系统的运行状况等全过程进行分析研究,根据目标系统的功能进行多次选择,对同类系统做出相应修改,最后得到新系统的设计方案。演绎法是一种公理化方法,从普遍规则和原理出发,利用设计人员的知识经验,从具有一定功能的元素集合中选择符合系统功能要求的多种元素,将这些元素按照一定形式进行组合,从而创造出新系统的相关功能。在系统设计的实践中,这两种方法通常结合使用,相辅相成,共同完成系统设计。

7.1　结构设计

系统结构设计是系统全局解决方案的设计,是系统总的处理方案的设计,又称概要设计。总体结构设计通常包括:计算机配置设计、系统模块结构设计、数据库和文件设计、代码设计、系统可靠性与内部控制设计等。

概要设计解决系统的模块划分和模块层次及数据库的设计;详细设计解决每个模块的控制流程,内部算法和数据结构。概要设计说明书和详细设计说明书也可以合并在一起,称为系统设计说明书。

7.1.1　子系统划分

从管理科学的角度出发,子系统是一种模型元素,具有包和类的概念。子系统的功能由其所包含的类或其他子系统提供。子系统可以提供一个或多个接口,这些接口定义子系统的执行行为。一般情况下,子系统不能暴露其内部的任何内容;子系统的外部元素不能依赖内部某个元素而存在。多数情况下,子系统只需要其他子系统(模块)的接口就能完成相关功能,而不直接依赖子系统外部的任何特定元素。系统和子系统的概念是相对的,当作为另一个系统的一部分时,系统就成为一个子系统。系统、子系统与模块在一般情况下没有本质区别,但是如果模块必须配合系统的其他部分才能正常工作时就不能称为系统。

子系统的划分应遵循如下原则:

(1)需要具有相对独立性

子系统的划分必须使子系统内部功能、数据等方面的内敛性较好。软件开发过程中,开发者希望每个子系统相对独立,尽量减少不必要的数据调用和数据间的关联,将联系密切的模块集中,便于后续的使用。

(2)最大程度减小子系统间的数据依赖性

子系统间的接口要简单明确。内部联系较强的子系统对外部联系较少,划分子系统时应将联系较多的功能部分列入某个子系统内部。功能比较分散或功能跨度较大的部分,定义为子系统之间的接口,这种方式有利于项目后期调试、维护与运行。

(3)最大程度减小子系统中数据冗余度

如果不减少子系统内部的数据冗余度,就会导致相关功能数据分布在不同的子系统中。当调用大量数据时,需要较大存储空间来保存和传递数据,也会浪费大量系统资源进行重复计算工作。这样的结果就是让程序结构变得紊乱而且数据冗余极高,大大提高软件的编写工作量并降低系统的工作效率。

(4)需要考虑后续功能的扩展

子系统的设置不能仅仅考虑系统分析的结果,系统分析的结果仅能满足目前相关需求,但所有的系统不仅运行在现阶段的情况下,还要考虑企业将来发展的需求,在当前系统中预留一定子系统位置,便于将来升级。

(5)便于系统分阶段实施

管理信息系统的开发是一项耗时较长的工程,一般情况下,系统的实施分期分步进行,因此子系统的划分应与实施进度匹配。子系统的划分还必须考虑组织机构的要求,便于系统运行时能与企业现有情况相吻合,有利于系统的实施。

(6)均衡分配各类资源

子系统划分时要考虑均衡分配各类资源,不仅要考虑各种硬件资源在开发过程中的搭配使用,而且还要考虑到各类信息资源的合理分布与充分使用,这样可以减少系统对资源的过分依赖,减少输入输出等设备的压力。

7.1.2 软硬件配置

根据系统运行时需要的硬件结构和软件配置来设计相应的软硬件环境。多数情况下,还需要设计项目实施时的网络拓扑结构,建立网络环境,进行相关布线、网络系统的安装与调试等工作。不同的软件项目,软硬件平台差别较大,以金蝶软件的产品为例,其环境配置要求分别如表7-1、表7-2和表7-3所示。

表7-1　客户端运行环境要求

组件	要求
处理器	处理器类型： Pentium 4 或速度更快的处理器 处理器速度： 最低：单核1.7 GHz；双核1.0 GHz 推荐：双核2.0 GHz
内存	物理内存： 最少：1.0 GB 推荐：2.0 GB
存储	存储空间： 最少：4 GB 空闲空间 推荐：8 GB空闲空间
网络	网络质量： 速率：100 Mbps 延时：小于20 ms 丢包：小于0.1%
操作系统	KIS客户端支持的操作系统： Windows XP Professional Windows Vista Ultimate/Enterprise/Busness Windows 7 Home Basic/Home Premium/Professional/Ultimate Windows Server 2003 Standard/Enterprise/DataCenter Windows 8 Windows 10

表7-2　HR/Web服务器运行环境要求

组件	要求
处理器	处理器类型： Intel Xeon 或 AMD Opteron 推荐 Xeon E3/E5 系列 处理器速度： 最低：2.0 GHz 推荐：2.4 GHz 处理器物理核心总数： 最低：4 核 推荐：8 ~ 12 核
内存	物理内存： 最少：4 GB 推荐：8 ~ 16 GB
存储	存储类型： SATA/SAS 存储空间： 最少：30 GB空闲空间 推荐：60 GB空闲空间
网络	速率：100 Mbps到局域网客户端 1.0 Gbps到中间层服务器， 广域网有效出口带宽=(最大并发数 * 256 Kbps)/3 延时： 到局域网客户端和中间层服务器小于20 ms 到广域网客户端小于100 ms 丢包： 到局域网客户端和中间层服务器小于0.1% 到广域网客户端小于2.0%
操作系统	K/3 HR/Web服务器支持的操作系统： Window Server 2016 Standard/ Enterprise Window Server 2012 Standard/ Enterprise Window Server 2003 Standard/Enterprise/DataCenter Window Server 2008 Standard/Enterprise/DataCenter Window Server 2008 Standard/Enterprise/DataCenter Window Server 2000 Advanced Server/DataCenter

表7-3 数据库服务器运行环境要求

组件	要求
处理器	处理器类型: Intel Xeon 或 AMD Opteron 处理器速度: 最低:2.0 GHz 推荐:2.4 GHz 处理器物理核心总数: 最低:4核 推荐:8核
内存	物理内存: 最少:4 GB 推荐:8 GB
存储	存储类型: SAS企业级存储 存储空间: 按数据库实体增长率的估算值规划
网络	局域网: 速率:1.0 Gbps到中间层服务器 延时:小于20 ms 丢包:小于0.1%
操作系统	K3数据库服务器支持的操作系统: Windows Server 2016 Standard/Enterprise Windows Server 2012 Standard/Enterprise Windows Server 2003 Standard/Enterprise/DataCenter Windows Server 2008 Standard/Enterprise/DataCenter Windows Server 2000 Advanced Server/DataCenter
数据库引擎	K3数据库服务器支持的数据库引擎: SQL Server 2005 Standard/Enterprise SQL Server 2008 Standard/Enterprise SQL Server 2012 Standard/Enterprise SQL Server 2014 Standard/Enterprise SQL Server 2016 Standard/Enterprise

7.2　数据库设计

在系统分析阶段进行系统逻辑模型设计时，从逻辑角度对数据存储进行初步设计。在系统设计阶段，需要根据选用的计算机硬件和软件，进一步完成数据库的详细设计。

管理信息系统是基于文件系统或者数据库系统的，文件是处理和维护数据的基本形式，在数据存储设计中，要确定数据的组织形式。

7.2.1　E-R图

E-R图也称实体-关系图(Entity Relationship Diagram)，提供了实体类型、属性和联系的表示方法，用来描述现实世界的概念模型。E-R图是描述现实世界关系概念模型的有效方法。

E-R图由四个部分组成：

(1)矩形框：表示实体，框中文字标注实体名称。

(2)菱形框：表示联系，框中文字标注关联名称。

(3)椭圆框：表示实体或联系的属性，框中文字标注属性名称。

(4)连线：表示实体与属性之间、实体与联系之间、联系与属性之间的连接，直线上标注联系的类型。

E-R图中数据模型间的关联类型，可分为三类：一对一关联、一对多关联和多对多关联，用来描述实体间的约束关系。

(1) 一对一关联(1:1)

对于两个实体A和B，若A中的每一个值在B中有且只有一个实体值与之对应，反之亦然，则称实体集A和B具有一对一的关系。

(2) 一对多关联(1:N)

对于两个实体A和B，若A中的每一个值在B中有多个实体值与之对应，反之B中每一个实体值在A中至多有一个实体值与之对应，则称实体集A和B具有一对多的关系。

(3) 多对多联系(M:N)

对于两个实体A和B，若A中每一个实体值在B中有多个实体值与之对应，反之亦然，则称实体集A与实体集B具有多对多关系。

某试卷生成系统中“试题”实体的实体关系如图7-1所示。

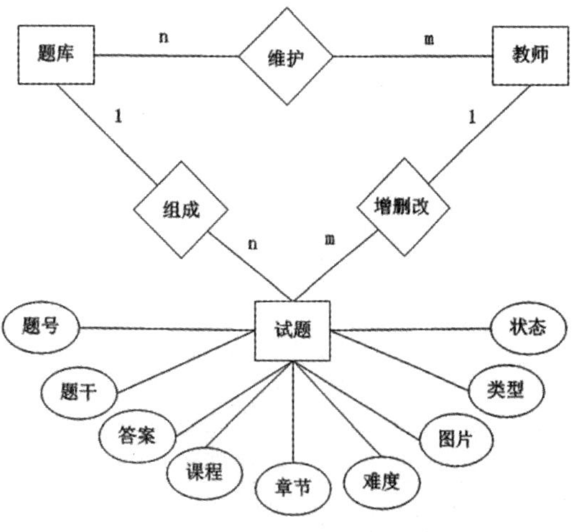

图7-1　E-R图示例

7.2.2 建立关系数据表

数据库设计(Database Design)是指对一个给定的应用环境,构造出最优的数据库模式,建立数据库及相关环境,使之能够有效地存储数据,满足各种用户的应用需求。

表和字段的设计需要遵循的原则如下:

(1)标准化和规范化

数据的标准化有助于消除数据库中的数据冗余,数据的标准化有多种方式,第三范式(3NF)在性能、扩展性和数据完整性方面有比较明显的优势。依据第三范式进行表设计的原则是:表只包括其自身的基本属性,不是其自身属性时需进行再次分解,表间关系通过外键连接。

(2) 数据驱动

数据表采用数据驱动模式,将会增强系统的灵活性和扩展性。

(3) 考虑各种变化

在设计数据库的时候需要考虑数据字段将来可能发生的变更。

(4)类型宽度尽量充足

设计数据表字段的宽度时应尽量设置宽一些,方便后续改进。一般情况下预留20%的多余量,这些额外量虽然会占据较多的空间,但是却无须为后续升级系统重构整个数据库。

表7-4是某系统中存储用户信息的表的结构设计。

表7-4 用户信息表结构

字段名	类型	长度	允许空值	主键	备注
ID	int	11	否	是	ID号
Username	varchar	20	是	否	用户名
Password	varchar	20	是	否	密码
Authority	varchar	10	是	否	权限
Sex	varchar	10	是	否	性别
age	varchar	10	是	否	年龄
IDcard	varchar	20	是	否	身份证号
Political	varchar	20	是	否	政治面貌
Unit	varchar	20	是	否	所在学院
Degree	varchar	20	是	否	学位
TechnicalP	varchar	20	是	否	职称
Research	varchar	20	是	否	研究方向
Tel	varchar	20	是	否	电话号码
Mail	varchar	20	是	否	电子邮箱
Introduction	varchar	100	是	否	简介
Createtime	timestamp	0	是	否	创建时间
realname	varchar	10	是	否	真实姓名

7.2.3 数据库安全

数据库安全包含硬件环境安全和软件环境安全。硬件安全主要是指系统硬件运行安全，其主要威胁有：主机被盗、机房火灾、电源短路、黑客远程关闭CPU风扇导致CPU烧毁等情况；软件环境安全主要指系统运行相关软件的安全，其主要威胁有：黑客入侵并盗取资料等。一般情况下，数据库安全主要强调软件运行环境安全，主要包括数据独立性、数据安全性、数据完整性、并发控制和故障恢复等。

使用数据库时，要注意相关安全策略，常有的方式有：

(1)安全的密码

密码设置是安全配置的第一步，简单的密码容易被破解，特别是不能使用空密码，健壮的密码是数据库安全的开始。一般情况下，密码需要数字、大小写字母组合且长度在8位以上。

(2)安全的账号策略

因为系统管理员权限非常大，所以必须对系统管理员的账号进行严密保护。不仅要使用健壮的密码，而且尽量不在数据库系统中使用系统管理员账号。

(3)加强数据库日志记录

日志文件是用来记录系统中所发生事件的相关信息，主要用来监控系统。数据库日志是事务日志，是数据库系统必不可少的核心文件之一。数据库日志文件的保存是对数据库的各种操作(数据的修改、删除等)的记录保留，在数据库出现问题时可以找出原因。

(4)管理扩展存储过程

对系统存储过程的使用要慎重，多数系统在应用时基本不使用存储过程。删除不必要的存储过程，防止黑客利用存储过程来提升系统权限后进行非法操作。

(5)使用加密协议

如果传输过程中不使用加密技术，那么网络传输的信息全部都是明文(包括密码、数据库中的所有数据)。这是一个非常重要的安全问题，黑客(或其他破坏者)可以在网络中截获到数据库账号和密码等，并且不需要任何破译。因此，一般情况下，尽可能使用加密传输协议。

(6)修改或隐藏端口

为了系统安全，一般情况下不要使用系统默认分配的端口，可以通过配置TCP/IP协议中的某些属性，将大家熟知的默认端口变更为不常用的端口，可以避免部分网络攻击。

(7)进行IP限制

可以自定义允许访问的地址池，实现IP数据包访问的安全性。只有地址池里面的主机才能访问数据库系统，其他主机不能访问数据库系统，消除网络上的部分安全威胁。

使用上述一些措施后，数据库就具备了较强的安全防范能力。除此之外，还要加强内部的安全控制和管理员的安全培训，安全是一个长期需要防范和解决的问题。

7.3 代码设计

代码是程序员用开发工具书写出来的源文件，是一组由字符、符号或码元以离散形式表示信息的规则体系。代码设计的原则主要包括唯一性、通用性、可扩充性、易识别、格式统一、易修改等。源代码是代码的分支，通常以文本文件的形式出现，使用这种格式的目的是为了方便程序员书写源代码。源代码通常需要编译程序将其翻译成计算机可执行的二进制指令，编译程序通常被称为编译器。

7.3.1 编码规则

编码规则是书写代码时所要遵守的原则，正确性、稳定性和可读性是其核心。编码过程中要注意避免使用随机字符、数字及其组合，要尽量使用有意义的标识符号来替代。编码时尽量不要使用技巧性很高的代码，如必须使用，也要在代码前书写详细的注释语句。源代码中功能相近的语句、模块尽量书写在一起。

编码是软件实现过程中非常重要的一环，一般遵循自顶向下的方法实现。一个较好的代码书写风格，应该遵循下面几个原则：

(1)编码正确；

(2)程序结构清楚；

(3)程序具有较高的可阅读性；

(4)程序执行较高效率；

(5)尽量减小存储空间需求；

(6)系统易于调试与修改；

(7)系统部署简单且效率高。

7.3.2 编码

不同的程序员拥有各自不同的编码风格，但是有一些共同的规则是绝大多数程序员在代码书写中需要遵守的，这些风格有：

(1)关键词和操作符之间加适当的空格；

(2)相对独立的程序块与程序块之间加空行；

(3)较长的语句或表达式等要分成多行书写；

(4)新行要进行适当的缩进；

(5)长表达式要在低优先级操作符处划分新行，操作符放在新行之首；

(6)循环、判断等语句中若有较长的表达式或语句，则要进行适应的划分；

(7)函数或过程中的参数较长，则要进行适当划分；

(8)一般情况下，一行只写一条语句。

编码过程中一个比较容易被初学者忽略的问题是注释语句的书写,一个良好的注释语句书写风格对程序的可读性具有重要的意义。因此,在编码过程中要遵守常见的注释书写风格,这些风格有:

(1)注释要简明扼要;

(2)代码与注释同时书写,保证注释与代码的一致性;

(3)在必要的地方注释,注释量要适中,不能太少也不能太多,注释不能有二义性;

(4)保持注释与其描述的代码相邻;

(5)对代码的注释应放在其上方相邻位置;

(6)全局变量要有较详细的注释,包括功能、取值范围、调用函数等;

(7)源文件的头部有包括文件名、版本号、作者、模块功能描述等注释信息;

(8)函数或过程的开始部分要有注释信息。

为了编码的规范性,变量在使用时应当遵守下列规范:

(1)尽可能少地定义公共变量;

(2)尽量在多个模块或函数中使用相同的公共变量;

(3)注释并明确公共变量的含义、作用、取值范围及与其他公共变量间的关系;

(4)明确公共变量与调用函数的关系;

(5)向公共变量传递数据时,要防止不合理赋值、越界或溢出等现象;

(6)局部变量与公共变量不能同名;

(7)尽量减少存储空间的占用;

(8)不能使用未经初始化的变量;

(9)尽量少地使用数据类型的强制转换功能。

为了编码的规范性,函数(包括自定义函数)在使用时应当遵守下列规范:

(1)函数体内的代码尽量限制在200行以内;

(2)一个函数原则上只完成一个功能;

(3)多次使用的某个功能最好编写成函数;

(4)函数的功能应该是可以预测的;

(5)一个函数的功能尽量不要依赖于其他函数的内部代码;

(6)尽量减少函数的参数;

(7)函数头部用注释语句说明每个参数的作用、取值范围及参数间的关系;

(8)函数执行前要检查参数输入的有效性;

(9)函数名应尽可能描述函数的功能;

(10)尽量减少函数自身或函数间的递归调用。

7.4 界面设计

界面设计是人与机器之间传递和交换信息的媒介，通常包含硬件界面和软件界面。界面设计是计算机科学与心理学、设计艺术学、认知科学和人机工程学的交叉研究领域。管理信息系统的界面设计是对软件的人机交互、操作逻辑、界面美工的整体设计。优秀的界面设计不仅让软件变得有个性，还让软件的操作变得舒适、简单、自由，充分体现软件的定位和特点。

一般情况下，管理信息系统的用户界面设计应遵循以下原则：

(1)用户导向原则

首先要明确软件的使用者需求，要站在用户的观点和立场上来设计和实现软件界面的开发，尽可能多地和用户沟通，了解需求、目标、期望和偏好等。其次，用户使用的计算机配置也不相同，设计界面时不能忽视这些差别，否则运行界面会出现偏差。

(2)KISS原则

KISS(Keep It Simple And Stupid)原则是指在界面设计时保持简洁和易于操作的原则。KISS原则常常用于网页界面的设计，要求在使用过程中，网页的加载等待时间不超过3秒钟，尽可能使用文本链接，在主界面上尽量不用图片和动画，网页上要有明确的操作提示等。

(3)布局控制原则

在网页界面的设计中，网页排版不能抄袭其他网站，不能布局凌乱，不能把大量信息集中在某个页面上。网页的界面设计要大方、简洁，突出重点，界面刷新速度快，把最重要的信息先显示给用户，其他信息可以通过链接跳转来显示。

(4)视觉平衡原则

进行界面设计(特别是网页界面设计)时，图形和文字产生的视觉效果不同。图形与文字相比，图形的视觉作用要明显一些。为了达到视觉平衡，在设计界面时，需要更多的文字来平衡图片效果。

中国人的阅读习惯是从上到下，从左到右，视觉平衡也要遵循这个原理。另外，如果界面上显示的信息非常密集，不利于使用者阅读，甚至会引起反感。在网页界面设计时，适当增加一些空白，可以使得页面变得简洁。

(5)色彩搭配原则

颜色是影响界面的主要因素，不同颜色对使用者的感觉有不同的影响，根据使用者的应用氛围不同，应该为界面选择相应的颜色。

(6)和谐性原则

通过对界面中各种元素(图像、文字、空白等)综合使用，使整个用户界面看起来和谐。软件的界面元素看起来应该像一个有机整体，软件在设计上要保持一致性。一致的界面设计，可以让使用者对软件形象深刻，可以让使用者迅速有效地进行软件中的各种功能操作。否则，会误导使用者，并给用户留下不好的印象。

(7)个性化原则

软件的整体风格和整体氛围要同企业形象相符合,并能很好地体现企业文化。基于Web的软件和客户端软件在界面设计上有所不同,基于Web的界面设计不同于一般的平面设计,网页界面设计属于视觉传达的领域,其视觉元素和设计原则都要遵守视觉传达规律。网页界面设计要通过有效吸引视线的形式使信息得以清晰、准确、有力地表现。

7.4.1 输入设计

输入是管理信息系统中计算机与用户交流的界面。一般而言,输入系统对开发人员不太重要,但对用户却非常重要。

输入界面是系统与用户之间交互的纽带,设计原则是根据具体业务要求,确定适当的输入形式,使系统能获取业务处理中产生的相关信息。输入设计的目的是提高输入效率,减少输入错误。

(1)输入设计的基本原则有:

①控制输入量,尽量利用计算结果作为输入数据;

②减少输入延迟,尽量采用批量输入和文件输入方式;

③减少输入错误,输入中采用多种校验方式验证数据的准确性;

④避免额外步骤,简化输入过程。

(2)输入设计的主要内容有:

①输入界面的设计;

②输入设备的选择。

目前,常用的输入设备有:

①键盘输入;

②存储设备输入;

③光电阅读器输入;

④其他终端输入。

输入设计是否合理的评价原则有:

①输入界面是否清晰、美观;

②是否便于输入并符合输入习惯;

③是否有效保证输入数据的正确性。

7.4.2 输出设计

输出设计的任务是使系统的输出满足用户相关需求。输出设计的目的是为了及时反映管理者需要的信息。信息是否能够满足用户需要,是判断软件输出设计是否成功的条件。

(1)输出设计的内容有:

①输出信息的使用:包括信息的使用者、使用目的、有效期等;

②输出信息的内容:包括输出项目、精度、信息表现的形式;

③输出信息的格式:主要有表格、报告、图形等形式;

④输出设备:常见的输出设备有打印机、显示器等;

⑤输出介质:常见存储介质有磁盘、磁带等。

(2)输出设计是否合理的评价原则有:

①能否为用户提供及时、准确、全面的信息服务;

②是否便于阅读与理解且符合用户习惯;

③是否充分利用输出设备的性能;

④是否为系统升级留有一定的空间。

7.5 处理过程

7.5.1 层次图

层次图是用来描述软件层次结构的示意图。层次图的形式看起来和层次方框图相同,但是表现的内容却完全不同。层次方框图是表示数据结构的示意图,层次图是表示模块间的关系与调用的示意图。层次图中的一个矩形框代表一个模块,方框间的连线表示调用关系。图7-2是层次图的一个例子,最顶层的方框代表系统的主要模块,调用下层模块完成软件的全部功能;第二层的每个模块控制完成主系统中的一个主要功能。在采用自顶向下设计软件的过程中,经常使用层次图来表明功能调用的逻辑关系。

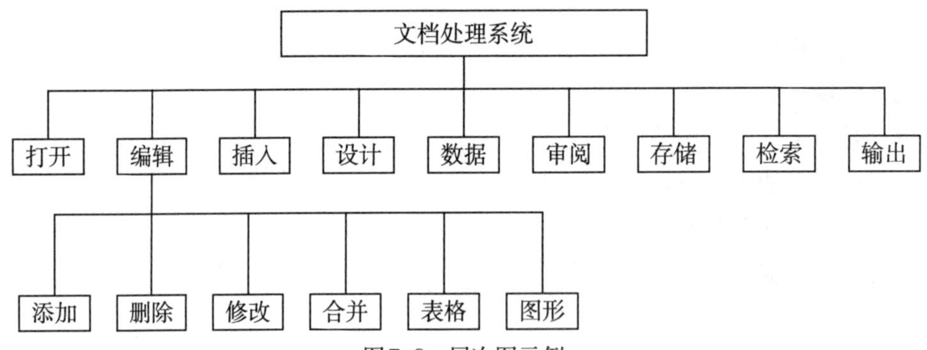

图7-2 层次图示例

HIPO(Hierarchy plus Input-Process-Output,HIPO)图是IBM公司于20世纪70年代中期在层次结构图的基础上推出的一种新的描述系统结构和模块内部处理功能的工具。HIPO图一般由一张总的层次化模块结构图和若干张具体模块内部展开的IPO图组成。为了能使HIPO图中的每个功能都具有可追踪性,在层次图里除了最顶层的方框之外,每个方框都加了编号。

7.5.2 决策树与判断表

决策树(Decision Tree)是在已知各种情况发生概率的基础上,通过构建决策树来求取净现值的期望值大于等于零的概率。决策树是评价项目风险并判断其可行性的决策分析方法,是直观运用概率分析项目问题的一种图解法。由于决策过程是多个分支组成,画成图就非常像大树的主干,因此称为决策树。

决策树是一种树形结构,其中每个内部节点表示一个属性上的测试,每个分支代表一个测试输出,每个叶节点代表一种类别。一个决策树包含三种类型的节点:

(1)决策节点:通常用矩形框来表示;

(2)机会节点:通常用圆圈来表示;

(3)终结点:通常用三角形来表示。

图7-3是银行个人信贷决策过程的示意图。

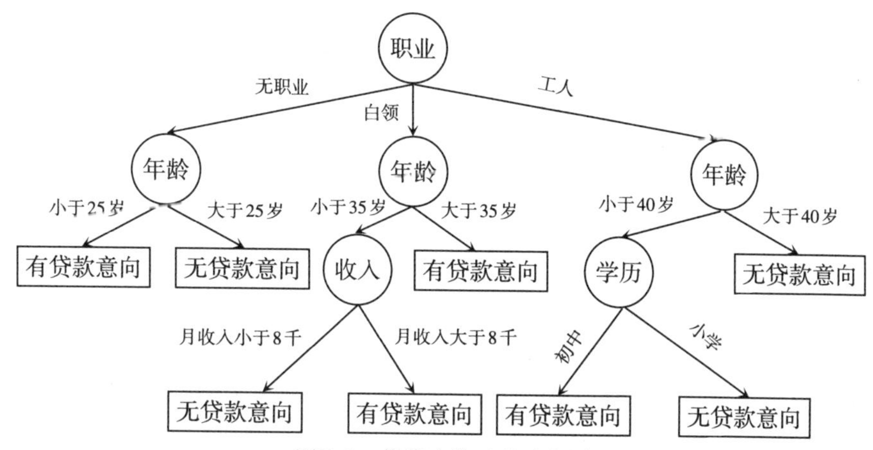

图7-3 信贷决策过程示意图

使用决策树的优点是决策树易于理解和实现,用户在使用过程中不需要了解相关背景知识;决策树能够直观体现数据的特点,用户通过解释后就可以理解决策树所表达的意义。如果给定一个观察的模型,用户很容易利用决策树给出相应的逻辑表达式。

当然,决策树也存在这样一些缺点:

(1)对连续性(非逻辑性)字段比较难表达;

(2)对时间顺序的数据,需要进行数据预处理;

(3)当判断类别太多时,错误可能变大;

(4)通常只使用一个字段来进行分类判断。

判断表是一个二维表,分别用来表示条件和行动。采用判断表可以清晰地表达条件、决策规则和应采取的行动之间的逻辑关系,容易被管理人员和分析人员接受。判断表由四部分组成:

(1)条件桩:位于表的左上部,列出了问题的所有条件;

(2)动作桩:位于表的左下部,列出了问题规定可能采取的操作;

(3)条件项:位于表的右上部,列出针对左边列的条件取值;

(4) 动作项:位于表的右下部,列出在条件项的各种取值情况下应该采取的动作。

判断表的建立步骤是:

(1)确定规则的个数;

(2)列出所有的条件桩和动作桩;

(3)填入条件项;

(4)填入动作项,得到初始判定表;

(5)简化并合并相似规则。

判断表的使用方式是:

(1)确定判断要采用的相关因素;

(2)在各种不同的条件下确定各种相应的行动;

(3)排出各种不同条件之间的所有组合,用Y和N分别表示发生和不发生;

(4)确定在不同组合下应选择的行动;

(5)检验决策表中的决策规则是否冗余。

判断表的主要优点有:能够将复杂的问题按照各种可能的情况全部列举出来,简明并避免遗漏。因此,利用判断表能够设计出完整的测试用例集合。在一些数据处理问题当中,某些操作的实施依赖于多个逻辑条件的组合。

7.5.3 算法描述

算法描述(Algorithm Description)是指对设计出的算法,用一种方式进行详细的描述,以便与人交流。算法可采用多种描述语言来描述,各种描述语言在对问题的描述能力方面存在一定的差异,可以使用自然语言、伪代码,也可使用程序流程图,但描述的结果必须满足算法的几个特征。

算法的特征有:

输入:一个算法必须有零个或以上的输入量;

输出:一个算法应有一个或以上的输出量;

明确性:算法的描述必须无歧义;

有限性:一个算法必须在有限个步骤内完成任务;

可行性:算法描述过程必须是能够通过已经实现的基本运算执行有限次来完成。

例如,下列代码就完成了欧几里德算法。

```
#include<stdio.h>
unsigned int Gcd(unsigned int M,unsigned int N)
{
  unsigned int Rem;
  while(N > 0)
  {
    Rem = M % N;
```

```
        M = N;
        N = Rem;
    }
    return M;
}
int main(void)
{
    int a,b;
    scanf("%d %d",&a,&b);
    printf("The greatest common factor of %d and %d is ",a,b);
    printf("%d\n",Gcd(a,b));
    return 0;
}
```

7.6　软件开发报告

软件设计阶段的最终结果是形成相关报告，软件开发设计报告是下一步系统实施的基础，它应包括本章讲解的所有内容。

《计算机软件文档编制规范(GB-T8567-2006)》对软件开发报告有明确的要求，项目开发者需要参考国家标准进行软件开发报告的撰写。《计算机软件文档编制规范(GB-T8567-2006)》中，对软件开发报告的相关要求如下所示。

软件开发计划(SDP)

说明：

一、软件开发计划(SDP)描述开发者实施软件开发工作的计划，本文档中"软件开发"一词涵盖了新开发、修改、重用、再工程、维护和由软件产品引起的其他所有的活动。

二、SDP是向需求方提供了解和监督软件开发过程、所使用的方法、每项活动的途径、项目的安排、组织及资源的一种手段。

三、本计划的某些部分可视实际需要单独编制成册，例如，软件配置管理计划、软件质量保证计划和文档编制计划等。

软件开发计划的正文的格式如下：

1. 引言

本开发计划分为以下几条。

1.1 标识

本条应包含本文档适用的系统和软件的完整标识,(若适用)包括标识号、标题、缩略词语、版本号和发行号。

1.2 系统概述

本条应简述本文档适用的系统和软件的用途,它应描述系统和软件的一般特性;概述系统开发、运行和维护的历史;标识项目的投资方、需方、用户、开发方和支持机构;标识当前和计划的运行现场;列出其他有关的文档。

1.3 文档概述

本条应概述本文档的用途和内容,并描述与其使用有关的保密性和私密性的要求。

1.4 与其他计划之间的关系

(若有)本条描述本计划和其他项目管理计划的关系。

1.5 基线

给出编写本项目开发计划的输入基线,如软件需求规格说明。

2. 引用文件

本开发计划应列出本文档引用的所有文档的编号、标题、修订版本和日期,也应标识不能通过正常的供货渠道获得的所有文档的来源。

3. 交付产品

3.1 程序

3.2 文档

3.3 服务

3.4 非移交产品

3.5 验收标准

3.6 最后交付期限

列出本项目应交付的产品,包括软件产品和文档。其中,软件产品应指明哪些是要开发的,哪些是属于维护性质的;文档是指随软件产品交付给用户的技术文档,例如用户手册、安装手册等。

4. 所需工作概述

本开发计划根据需要,分条对后续描述的计划做出说明,(若适用)包括以下概述:

4.1 对所要开发的系统、软件的需求和约束

4.2 对项目文档编制的需求和约束

4.3 该项目在系统生命周期中所处的地位

4.4 所选用的计划/采购策略或对它们的需求和约束

4.5 项目进度安排及资源的需求和约束

4.6 其他的需求和约束，如：项目的安全性、保密性、私密性、方法、标准、硬件开发和软件开发的相互依赖关系等

5. 实施整个软件开发活动的计划

本开发计划分以下几条。不需要的活动的条款用“不适用”注明，如果对项目中不同的开发阶段或不同的软件需要不同的计划，这些不同之处应在此条加以注解。除以下规定的内容外，每条中还应标识可适用的风险和不确定因素，及处理它们的计划。

5.1 软件开发过程

本条应描述要采用的软件开发过程。计划应覆盖它的所有合同条款，确定已计划的开发阶段（适用的话）、目标和各阶段要执行的软件开发活动。

5.2 软件开发总体计划

本条应分以下若干条进行描述。

5.2.1 软件开发方法

本条应描述或引用要使用的软件开发方法，包括为支持这些方法所使用的手工、自动工具和过程的描述。该方法应覆盖它的所有合同条款。如果这些方法在它们所适用的活动范围有更好的描述，可引用本计划的其他条。

5.2.2 软件产品标准

本条应描述或引用在表达需求、设计、编码、测试用例、测试过程和测试结果方面要遵循的标准。标准应覆盖合同中论及它的所有条款。如果这些标准在标准所适用的活动范围有更好的描述，可引用本计划中的其他条。对要使用的各种编程语言都应提供编码标准，至少应包括：

a. 格式标准（如：缩进、空格、大小写和信息的排序）

b. 首部注释标准（例如：代码的名称/标识符、版本标识、修改历史、用途），需求和实现的设计决策，处理的注记（例如：使用的算法、假设、约束、限制和副作用），数据注记（输入、输出、变量和数据结构等）

c. 其他注释标准（例如要求的数量和预期的内容）

d. 变量、参数、程序包、过程和文档等的命名约定

e.（若有）编程语言构造或功能的使用限制

f. 代码聚合复杂性的制约

5.2.3 可重用的软件产品

本条应分以下若干条。

5.2.3.1 吸纳可重用的软件产品

本条应描述标识、评估和吸纳可重用软件产品要遵循的方法，包括搜寻这些产品

的范围和进行评估的准则。描述应覆盖合同中论及它的所有条款。在制定或更新计划时对已选定的或候选的可重用的软件产品应加以标识和说明,(若适用)同时应给出与使用有关的优点、缺陷和限制。

5.2.3.2 开发可重用的软件产品

本条应描述如何标识、评估和报告开发可重用软件产品的机会。描述应覆盖合同中论及它的所有条款。

5.2.4 处理关键性需求

本条应分以下若干条描述为处理指定关键性需求应遵循的方法。描述应覆盖合同中论及它的所有条款。

a. 安全性保证

b. 保密性保证

c. 私密性保证

d. 其他关键性需求保证

5.2.5 计算机硬件资源利用

本条应描述分配计算机硬件资源和监控其使用情况要遵循的方法。描述应覆盖合同中论及它的所有条款。

5.2.6 记录原理

本条应描述记录原理所遵循的方法,该原理在支持机构对项目做出关键决策时是有用的。应对项目的"关键决策"一词做出解释,并陈述原理记录在什么地方。描述应覆盖合同中论及它的所有条款。

5.2.7 需方评审途径

本条应描述为评审软件产品和活动,让需方或授权代表访问开发方和分承包方的一些设施要遵循的方法。描述应遵循合同中论及它的所有条款。

6. 实施软件开发活动的详细计划

本开发计划分条进行描述。不需要的活动用"不适用"注明,如果项目不同的开发阶段或不同的软件需要不同的计划,则在本条应指出这些差异。每项活动的论述应包括应用于以下方面的途径(方法/过程/工具):

a. 所涉及的分析性任务或其他技术性任务

b. 结果的记录

c. 与交付有关的准备(如果有的话)

论述还应标识存在的风险和不确定因素,及处理它们的计划。如果适用的方法在5.2.1 处描述了的话,可引用它。

6.1 项目计划和监督

本条分成若干分条描述项目计划和监督中要遵循的方法。各分条的计划应覆盖合同中论及它的所有条款。

6.1.1 软件开发计划(包括对该计划的更新)

6.1.2CSCI 测试计划

6.1.3 系统测试计划

6.1.4 软件安装计划

6.1.5 软件移交计划

6.1.6 跟踪和更新计划,包括评审管理的时间间隔

6.2 建立软件开发环境

本条分成以下若干分条描述建立、控制、维护软件开发环境所遵循的方法。各分条的计划应覆盖合同中论及它的所有条款。

6.2.1 软件工程环境

6.2.2 软件测试环境

6.2.3 软件开发库

6.2.4 软件开发文档

6.2.5 非交付软件

6.3 系统需求分析

6.3.1 用户输入分析

6.3.2 运行概念

6.3.3 系统需求

6.4 系统设计

6.4.1 系统级设计决策

6.4.2 系统体系结构设计

6.5 软件需求分析

本条描述软件需求分析中要遵循的方法。应覆盖合同中论及它的所有条款。

6.6 软件设计

本条应分成若干分条描述软件设计中所遵循的方法。各分条的计划应覆盖合同中论及它的所有条款。

6.6.1 CSCI 级设计决策

6.6.2 CSCI 体系结构设计

6.6.3 CSCI 详细设计

6.7 软件实现和配置项测试

本条应分成若干分条描述软件实现和配置项测试中要遵循的方法。各分条的计划应覆盖合同中论及它的所有条款。

6.7.1 软件实现

6.7.2 配置项测试准备

6.7.3 配置项测试执行

6.7.4 修改和再测试

6.7.5 配置项测试结果分析与记录

6.8 配置项集成和测试

本条应分成若干分条描述配置项集成和测试中要遵循的方法。各分条的计划应覆盖合同中论及它的所有条款。

6.8.1 配置项集成和测试准备

6.8.2 配置项集成和测试执行

6.8.3 修改和再测试

6.8.4 配置项集成和测试结果分析与记录

6.9 CSCI 合格性测试

本条应分成若干分条描述CSCI合格性测试中要遵循的方法。各分条的计划应覆盖合同中论及它的所有条款。

6.9.1 CSCI合格性测试的独立性

6.9.2 在目标计算机系统(或模拟的环境)上测试

6.9.3 CSCI合格性测试准备

6.9.4 CSCI合格性测试演练

6.9.5 CSCI合格性测试执行

6.9.6 修改和再测试

6.9.7 CSCI合格性测试结果分析与记录

6.10 CSCI/HWCI集成和测试

本条应分成若干分条描述CSCI/HWCI集成和测试中要遵循的方法。各分条的计划应覆盖合同中论及它的所有条款。

6.10.1 CSCI/HWCI集成和测试准备

6.10.2 CSCI/HWCI集成和测试执行

6.10.3 修改和再测试

6.10.4 CSCI/HWCI集成和测试结果分析与记录

6.11 系统合格性测试

本条应分成若干分条描述系统合格性测试中要遵循的方法。各分条的计划应遵循合同中论及它的所有条款。

6.11.1 系统合格性测试的独立性

6.11.2 在目标计算机系统(或模拟的环境)上测试

6.11.3 系统合格性测试准备

6.11.4 系统合格性测试演练

6.11.5 系统合格性测试执行

6.11.6 修改和再测试

6.11.7 系统合格性测试结果分析与记录

6.12 软件使用准备

本条应分成若干分条描述软件应用准备中要遵循的方法。各分条的计划应遵循合同中论及它的所有条款。

6.12.1 可执行软件的准备

6.12.2 用户现场的版本说明的准备

6.12.3 用户手册的准备

6.12.4 在用户现场安装

6.13 软件移交准备

本条应分成若干分条描述软件移交准备要遵循的方法。各分条的计划应遵循合同中论及它的所有条款。

6.13.1 可执行软件的准备

6.13.2 源文件准备

6.13.3 支持现场的版本说明的准备

6.13.4“已完成”的CSCI设计和其他的软件支持信息的准备

6.13.5 系统设计说明的更新

6.13.6 支持手册准备

6.13.7 到指定支持现场的移交

6.14 软件配置管理

本条应分成若干分条描述软件配置管理中要遵循的方法，各分条的计划应遵循合同中论及它的所有条款。

6.14.1 配置标识

6.14.2 配置控制

6.14.3 配置状态统计

6.14.4 配置审核

6.14.5 发行管理和交付

6.15 软件产品评估

本条应分成若干分条描述软件产品评估中要遵循的方法。各分条的计划应覆盖合同中论及它的所有条款。

6.15.1 中间阶段的和最终的软件产品评估

6.15.2 软件产品评估记录(包括所记录的具体条目)

6.15.3 软件产品评估的独立性

6.16 软件质量保证

本条应分成若干分条描述软件质量保证中要遵循的方法。各分条的计划应覆盖合同中论及它的所有条款。

6.16.1 软件质量保证评估

6.16.2 软件质量保证记录、包括所记录的具体条目

6.16.3 软件质量保证的独立性

6.17 问题解决过程(更正活动)

本条应分成若干分条描述软件更正活动中要遵循的方法。各分条的计划应覆盖合同中论及它的所有条款。

6.17.1 问题/变更报告

它包括要记录的具体条目(可选的条目包括:项目名称,提出者,问题编号,问题名称,受影响的软件元素或文档,发生日期,类别和优先级,描述,指派的该问题的分析者,指派日期,完成日期,分析时间,推荐的解决方案,影响,问题状态,解决方案的批准,随后的动作,更正者,更正日期,被更正的版本,更正时间,已实现的解决方案的描述)。

6.17.2 更正活动系统

6.18 联合评审(联合技术评审和联合管理评审)

本条应分成若干分条描述进行联合技术评审和联合管理评审要遵循的方法。各分条的计划应覆盖合同中论及它的所有条款。

6.18.1 联合技术评审包括____组建议的评审

6.18.2 联合管理评审包括____组建议的评审

6.19 文档编制

本条应分成若干分条描述文档编制要遵循的方法。各分条的计划应覆盖合同中论及它的所有条款。应遵循本标准第5条文档编制过程中的有关文档编制计划的规定执行。

6.20 其他软件开发活动

本条应分成若干分条描述进行软件开发活动其他要遵循的方法。各分条的计划应覆盖合同中论及它的所有条款。

6.20.1 风险管理,包括已知的风险和相应的对策

6.20.2 软件管理指标,包括要使用的指标

6.20.3 保密性和私密性

6.20.4 分承包方管理

6.20.5 与软件独立验证与确认(IV&V)机构的接口

6.20.6 和有关开发方的协调

6.20.7 项目过程的改进

6.20.8 计划中未提及的其他活动

7. 进度表和活动网络图

本开发计划应给出:

7.1 进度表,标识每个开发阶段中的活动,给出每个活动的初始点、提交的草稿和最终结果的可用性、其他的里程碑及每个活动的完成点

7.2 活动网络图,描述项目活动之间的顺序关系和依赖关系,标出完成项目中有最严格时间限制的活动

8. 项目组织和资源

本开发计划应分成若干条描述各阶段要使用的项目组织和资源。

8.1 项目组织

本条应描述本项目要采用的组织结构,包括涉及的组织机构、机构之间的关系、执行所需活动的每个机构的权限和职责。

8.2 项目资源

本条应描述适用于本项目的资源。(若适用)应包括:

8.2.1 人力资源,包括:

a. 估计此项目应投入的人力(人员/时间数)

b. 按职责(如:管理,软件工程,软件测试,软件配置管理,软件产品评估,软件质量保证和软件文档编制等)分解所投入的人力

c. 履行每个职责人员的技术级别、地理位置和涉密程度的划分

8.2.2 开发人员要使用的设施,包括执行工作的地理位置、要使用的设施、保密区域和运用合同项目的设施的其他特性

8.2.3 为满足合同需要,需方应提高的设备、软件、服务、文档、资料及设施,给出一张何时需要上述各项的进度表

8.2.4 其他所需的资源,包括:获得资源的计划、需要的日期和每项资源的可用性

9. 培训

9.1 项目的技术要求

根据客户需求和项目策划结果,确定本项目的技术要求,包括管理技术和开发技术。

9.2 培训计划

根据项目的技术要求和项目成员的情况,确定是否需要进行项目培训,并制订培训计划。如不需要培训,应说明理由。

10. 项目估算

本开发计划应分若干条说明项目估算的结果。

10.1 规模估算

10.2 工作量估算

10.3 成本估算

10.4 关键计算机资源估算

10.5 管理预留

11. 风险管理

本开发计划应分析可能存在的风险，所采取的对策和风险管理计划。

12. 支持条件

12.1 计算机系统支持。

12.2 需要需方承担的工作和提供的条件。

12.3 需要分包商承担的工作和提供的条件。

13. 注解

本开发计划应包含有助于理解本文档的一般信息（例如原理）、本文档需要的术语和定义、所有缩略语和它们在文档中的含义的字母序列表。

14. 附录

附录可用来提供那些为便于文档维护而单独出版的信息（例如图表、分类数据）。为便于处理，附录可单独装订成册。附录应按字母顺序（A，B等）编排。

实验：系统开发报告

一、实验目的

1. 掌握子系统的划分原则。
2. 了解系统开发的软硬件要求。
3. 掌握E-R图的绘制方法。
4. 掌握代码的编写规范。
5. 掌握界面设计的原则。
6. 掌握决策树的绘制方法。

二、实验内容

1. 根据自己选定的题目，分析并绘制出子系统结构图。
2. 设置系统开发所需的软硬件环境。
3. 绘制系统的E-R图，并设计数据库表。
4. 设计系统界面。

第八章　系统实施与运行管理

管理信息系统的实施是将系统分析与系统设计阶段的成果进行实际应用，建立计算机网络环境，部署计算机硬件设备，在硬件设备上安装编写好的软件。安装调试相关程序，组织系统测试和各类人员的培训，完成系统的切换并最终交付使用。

8.1　系统实施

系统实施是将新系统付诸实现的过程，其主要活动是根据系统设计所提供的功能模块图、数据库设计、系统配置方案等，完成管理系统的创建；对创建好的系统进行安装调试及新旧系统的切换。系统实施从本质上讲，就是将逻辑设计转化为实际应用系统的过程；从管理信息系统的生命周期角度上讲，系统实施阶段是软件开发阶段的后期，是前面各个阶段工作的延伸和继续。

系统实施分成两个阶段来实施，第一阶段是技术实现及过程管理，主要包括建立编程标准、程序设计、测试、系统构建和发行。实施阶段交付给用户的材料主要包括软件、数据和文档，软件是交付物的核心，用户手册等其他交付物也必不可少。第二阶段是用户转化阶段，是系统发行后交付用户使用的过程，包括用户培训、业务流程重组实施、系统转换、运行和维护。这一阶段的交付物主要是用户实施方案，包括培训方案、重组实施方案、转换方案、运行和维护方案、维护记录与修改报告等。

根据系统实施的过程，系统实施阶段的主要任务为:

(1)安装设备并建立网络环境

根据开发系统中给出的硬件结构和软件环境购置相应的硬件设备和软件，建立系统的软硬件平台。一般情况下，机房还需要专业化的设计及施工，建立网络环境需要进行结构化布线并调试。

(2)软件开发

进行软件开发的目的是实现系统分析与设计中提出的管理模式和业务应用，在进行软件开发之前，开发人员要学习所需的系统软件，包括操作系统、数据库系统和开发工具。

(3)系统调试与测试

软件开发完成后需要进行系统调试。实际开发过程中，程序设计人员一直在进行调试并修改程序中的错误。软件开发完成后，还必须进行专门的系统测试。通过系统测试可以发现并改正隐藏在程序内部的各种错误以及模块之间协同工作存在的问题。

(4)人员培训

人员培训分为两种类型,一种是在软件开发阶段对程序设计人员进行的培训,另一种是在系统切换和交付使用前对系统使用人员进行的培训。系统实施阶段的人员培训是指第二种情况。在管理信息系统投入使用之前,需要对一大批使用人员进行培训,包括系统操作员、系统维护人员和一般用户等。

(5)系统切换

管理信息系统实施的最后一项任务是进行系统切换,包括基本数据的准备、数据编码、系统参数设置、初始数据录入等多项工作。系统正式交付前,必须进行一段时间的试运行,便于进一步发现及修正系统中存在的问题。系统切换和交付过程中,每项工作都有很多人员参加,涉及多个业务部门。因此,系统切换阶段的组织管理工作非常重要,要做好相关计划,控制工作进度,检查工作质量,及时做好各方面的协调,保证系统的成功切换与交付。

8.1.1 程序调试

程序调试是编制完成的软件在投入实际运行前,用手工或编译程序等方法进行测试、修正语法错误及逻辑错误的过程。这是保证程序正确性而必不可少的步骤。开发者根据测试时发现的问题,逐个分析,找出原因并进行修正。

一般情况下,程序调试的主要步骤如下:

(1)使用开发工具(平台)把源程序按照一定的规则输入计算机中,根据用户的意见和建议对源程序进行增加、删除或修改代码;

(2)把源代码翻译成机器语言,这个过程就是使用编译程序对源程序进行语法检查并将符合语法规则的源程序语句翻译成二进制代码。如果编译程序发现语法错误,必须先修改源程序中的语法错误,然后再编译,直至没有语法错误为止;

(3)使用编译器中的连接程序,把编译好的程序连接起来,形成一个能在计算机上运行的可执行文件。多数情况下,这个过程不会出现错误。如果连接过程出现错误,说明源代码中存在调用混乱或参数传递错误等情况。再次利用开发工具对源代码进行修改,然后进行编译和连接,如此反复,直到没有错误发生;

(4)用事先准备好的模拟数据进行程序的试运行,把输出结果与手工处理的正确结果相比较。如果没有差异,说明程序正确;如果有差异,说明程序存在逻辑错误。程序出现逻辑错误时,需要将程序运行方式改成单步执行,一步一步地跟踪程序的运行并分析运行结果。最终找到问题出现的位置,利用开发工具修改源代码,然后编译、连接和执行,直到逻辑错误消失。

系统进行逻辑测试时,要注意下列内容的测试:

(1)数据处理正确性测试

检查输入和输出数据的正确性,包括输入数据是否正确地存储在数据库系统中;数据库系统中的数据能否正确地输出;数据间的计算关系是否正确;数据统计的方法和口径是否与需求一致;输入输出时是否有字符乱码出现等。

(2)功能完整性测试

开发完成的系统是否具备系统设计中所提出的全部功能,不仅要检测业务功能,而且还要检查辅助功能及功能细节。

(3)系统性能测试

性能测试是比较容易被忽略的一项测试内容,包括系统运行的速度、操作的灵活性、用户界面的友好性、对错误的检测能力等。对于管理信息系统而言,速度快、操作灵活、尽可能减少直接输入、不允许错误数据提交等功能是基本要求。

在进行系统测试时,需要注意这样几个问题:

(1)系统测试环境应该与系统部署环境一致;

(2)提前准备测试数据,便于检查系统的正确性、完整性;

(3)进行系统测试时,必须有实际用户参与;

(4)系统测试完成后,需要撰写测试报告。

8.1.2 人员培训

员工培训是指组织为开展业务及培育人才的需要,采用各种方式对员工进行有目的、有计划地培养和训练的管理活动,公开课、实训等均为常见的员工培训方式。

员工培训包含员工技能培训和员工素质培训。培训的方法常见的有讲授法、视听技术法、讨论法、案例研讨法、角色扮演法、自学法、互动小组法、网络培训法、场景还原法等。

对系统使用人员和系统维护人员的培训是系统投入实际应用前的必备步骤。需要进行培训的人员包括:系统操作员、硬件及软件维护人员、管理决策人员、档案管理员等。对于没有计算机基础知识的人员,还需要进行计算机基础知识的培训。

对上述人员的培训,主要包含下列内容:

(1)系统的总体方案;

(2)网络操作与使用;

(3)系统的功能结构;

(4)系统操作与使用;

(5)数据库系统的使用;

(6)系统参数的设置;

(7)系统的初始化;

(8)数据输入功能的操作和使用;

(9)可能出现的问题及解决方法;

(10)系统的使用权限及其责任;

(11)系统文档的规范管理。

当然,不是所有人员都要进行全部内容的培训。一般情况下,只需根据工作岗位的不同而选择不同的内容进行培训,既可以节省经费,也有利于系统安全与管理。

8.1.3 用户手册

用户手册是详细描述软件性能、用户界面和功能模块的使用说明书，帮助用户掌握软件的使用方法和技巧。用户手册的主要内容包括以下几个部分。

(1)引言

①编写目的：阐明编写手册的目的，指明使用对象；

②项目背景：说明项目的来源、委托单位、开发单位及主管部门；

③概念定义：列出手册中用到的术语的定义及缩写词的原意；

④参考资料：列出参考资料的作者、标题等信息。

(2)软件概述

①目标：系统开发的目标；

②功能：系统能完成的相关功能；

③性能：系统运行的效率。

(3)运行环境

①硬件：列出软件系统运行时所需的硬件最低配置；

②软件：操作系统名称及版本号；编译系统的名称及版本号；数据库管理系统的名称及版本号；其他相关软件的名称及版本号。

(4)使用说明

①安装和初始化：给出程序的存储形式和安装所需的软件等；

②输入：给出输入数据的要求；

③输出：给出输出数据的说明；

④出错和恢复：列举出错信息及其含义、可采用的措施等；

⑤求助查询：列举帮助等信息。

(5)运行说明

①运行表：列出每种可能的情况并说明其目的；

②运行步骤：说明运行的步骤、操作信息、输入输出文件、启动或恢复过程等信息。

(6)非常规操作：提供应急或非常规操作相关信息，告知维护人员相关注意事项。

(7)操作命令大全：按字母顺序逐个列出全部操作命令的格式、功能及参数说明。

(8)文件一览表：按文件名逐个列出文件名称、标识符及说明。

(9)用户操作举例：举例说明操作过程。

8.1.4 系统试运行

系统试运行是对整个项目的设计、计划、实施和管理工作的综合性检验。管理信息系统应尽可能地按照设计生产能力满负荷运行。由于售后服务是从移交工作开始的，所以一旦移交就应进入使用状态。有的系统是分批移交的，计划期阶段就应考虑移交后的局部运行问题，否则会减少售后服务时间。

当用户企业确认测试通过后，就能进入项目试运行阶段。试运行期间，开发者应配合用户建立系统运行、操作和维护管理等制度。

系统试运行期间，应根据不同系统的特点和用户要求做好系统试运行记录。根据试运行记录，撰写系统试运行报告。系统试运行报告内容主要包括：

(1)系统试运行起止日期、试运行状态；

(2)故障出现的次数、原因和排除故障的日期；

(3)系统功能是否符合设计要求以及综合评述。

开发者必须密切关注系统的试运行，对于系统试运行期间出现的异常情况必须及时做出响应和处理。

8.2 系统运行与测试

8.2.1 系统运行管理

系统运行管理是指项目运行中对系统进行维护与管理。系统评价是对系统的技术能力、工作性能和效率等方面进行客观评价。

系统进入试运行阶段，就表示开发工作进入尾声，项目主导权逐步移交给用户。试运行结束后，系统进入运行管理阶段。

在系统运行管理阶段，管理员是推动系统实施的动力，全面管理系统的实施。本阶段主要工作不再是培训用户，而是着重处理系统实施过程中对其他方面能够产生影响的事件。系统中关键资源欠缺或者某项工作拖延，都会影响系统运行的正常进行。因此，在系统运行阶段，管理工作的重点在工作流程上。

在系统运行管理中，及时沟通非常必要，开发者应实时与用户保持联系，只有及时而准确的信息，才能保证系统运行的正常。

8.2.2 系统测试

系统测试是对整个系统项目的测试，包括硬件、软件及用户的使用过程，其目的是验证系统是否满足用户规定的需求。系统测试可以发现系统分析和系统设计中的错误，其中，系统安全测试是测试系统安全措施是否完善，是否能保证系统不受非法入侵；系统压力测试是测试系统在正常数据量以及超负荷情况下是否能正常运行。

系统测试的主要内容有：

(1)功能测试：测试系统功能是否正确；

(2)健壮性测试：测试系统在异常情况下能否正常运行；

(3)恢复测试：系统运行出错时，恢复系统正常运行过程的测试。一般情况下，系统需要具备

容错能力;系统出错时需要在规定时间内修复,否则将会导致严重经济损失;

(4)安全测试:安全测试用来验证系统内部的保护机制,以防止非法入侵。在安全测试中,测试人员试图侵入系统,采用各种办法突破系统安全措施;

(5)压力测试:系统资源在异常访问的频率下的运行状态,以及应对措施。

8.3 系统评价

系统评价是针对新开发或改建的系统,根据预定目标,用系统分析的方法,从技术、经济、社会等方面对系统设计的各种方案进行评审和选择,以确定最优或次优或满意的系统方案。

8.3.1 评价指标

根据系统运行所处阶段来划分,系统评价又分为事前评价、中间评价、事后评价和跟踪评价。事前评价是指在计划阶段的评价,此时系统还没有开发出来,只能参考已有资料或用仿真的方式进行预测评价,有时也用投票表决法,综合直观判断进行评价。中间评价是指系统实施阶段的评价,着重检验是否按照计划实施。事后评价是指在系统实施完成之后进行的评价,评价系统是否达到了预期目标。跟踪评价是指系统投入运行后对其他方面造成影响的评价。

一般情况下,系统的评价主要侧重于功能特征、可靠特征、易用特征和效率特征等几个方面。在系统评价实施中,应以任务书作为主要依据,并参照国家软件质量标准,采用自顶向下逐层分解的方法进行评估。

(1)功能性指标:功能性是系统最重要的特性,可以分为完备性和正确性来进行评价。对系统功能性评价一般采用定性评价方法。

①完备性:完备性是评价系统功能完整的指标,如果系统实际完成的功能少于或不符合系统设计报告中规定的功能,则该系统的功能是不完备的;

②正确性:正确性是指能否得到正确结果的系统评价指标,系统的正确性在很大程度上与系统功能模块和系统开发人员的水平有关。

系统功能性评价的方式是每种功能设计若干典型测试用例,系统软件测试过程中运行测试用例,然后将得到的结果与已知结果进行比较。测试用例集的全面性、典型性和权威性是系统功能性评价的关键。

(2)可靠性指标:可靠性指标可细化为成熟性、稳定性、易恢复性等。对于系统的可靠性评价主要采用定量评价方法,通过选择合适的可靠性度量因子,分析可靠性数据而得到参数具体值,最后进行评价。可靠性指标的综合评价可由以下几个方面来综合构成。

①可用度:可用度指系统运行一段时间后,在任一随机时刻需要执行规定任务时,系统可使用的概率。可用度是对系统可靠性的综合度量;

②初期故障率:初期故障率指系统在运行初期单位时间的故障数,可用来评价系统质量。初期故障率的大小取决于系统设计水平、检查项目数、系统规模、系统调试效果等;

③偶然故障率:指系统在偶然故障期内单位时间的故障数,反映系统处于稳定状态下的质量;

④平均失效前时间:系统在失效前正常工作的平均统计时间;

⑤平均失效间隔时间:系统在相继两次失效之间正常工作的平均统计时间;

⑥缺陷密度:软件单位源代码中隐藏的缺陷数量。一般以每千行无注释源代码为一个单位,在开发阶段,平均每千行源代码有50-60个缺陷,交付后平均每千行源代码有15-18个缺陷;

⑦平均失效恢复时间:软件失效后恢复正常工作所需的平均统计时间。

(3)易用性指标:易用性可以细化为易理解性、易学习性和易操作性等。易用性评价一般是针对用户进行的,对系统的易用性评价主要采用定性评价方法。

①易理解性:易理解性是用户认识系统逻辑概念的属性,要求系统研制过程中所有文档要语言简练、前后一致、易于理解以及语句无歧义;

②易学习性:易学习性是用户为学习系统应用所付出的代价等相关属性,要求开发人员提供用户文档、操作手册等资料;

③易操作性:易操作性是用户操作控制系统所付出的代价等相关属性,要求软件人机界面友好、界面设计合理以及操作简单等。

(4)效率特征指标:效率特征可以细分为时间特征和资源特征,系统效率特征的评价常常采用定量方法,效率特征的评价可由以下几个方面组成。

①输出结果更新周期:输出结果更新周期是软件相邻两次输出结果的间隔时间,为了整个系统能够协调工作,软件的输出结果更新周期应该与系统的信息更新周期相同;

②处理时间:处理时间是系统完成某项功能所用的处理时间;

③吞吐率:吞吐率是单位时间内系统的信息处理能力;

④代码规模:代码规模是系统源程序的行数,是系统的静态属性。系统代码规模过大会占用过多存储空间,造成程序不简洁、结构不清晰等问题,还容易存在较多逻辑缺陷。

8.3.2 评价方法

系统评价方法很多,由于资源条件、经济状况、教育水平和文化传统等差异很大,所以系统评价没有统一的模式。常见的方法有:

(1)专家评价:聘请若干专家来完成评价,专家根据本人的知识和经验直接判断系统的优劣。常用的有特尔斐法、评分法、表决法和检查表法等;

(2)技术经济评价:用价值的各种表现形式来计算系统的效益,从而达到系统评价的目的。常用的有净现值法、利润指数法、内部报酬率法和索别尔曼法等;

(3)模型评价:用数学模型在计算机上进行系统仿真,利用仿真结果来进行评价。常用的有系统动力学模型、投入产出模型、计量经济模型和经济控制论模型等;

(4)系统分析:通过对系统的各个方面进行定量和定性分析来进行评价。常见的有成本效益分析、决策分析、风险分析、灵敏度分析、可行性分析和可靠性分析等。

实验:系统测试报告

一、实验目的

1.掌握用户手册的撰写方法。

2.了解系统试运行的相关环境配置。

3.掌握系统测试的方法。

4.掌握系统评价的方法。

5.掌握测试报告的撰写方法。

二、实验内容

1.以自己开发的系统为例,撰写用户手册。

2.配置系统运行需要的环境参数。

3.试运行自己开发的系统,对该系统进行测试。

4.根据测试结果,撰写系统测试报告。

第九章　管理信息系统开发与实施案例

9.1　开发案例

9.1.1　库存管理信息系统

(1)企业背景

A企业是一家加工企业,随着改革的深入,该企业的生产任务日益繁重,从而对库存管理的要求也更加严格。在传统的手工管理阶段,物料从进货到发货,需要经历若干环节。由于物料的规格和型号非常繁杂,业务人员素质较低等因素,造成物料供应效率低下,严重影响企业的正常生产。手工管理阶段,库房与管理部门之间的信息交流比较困难,造成库存严重积压,极大地影响了企业的资金周转速度,使得物料管理和数据统计成为比较麻烦的问题。

如今,A企业的竞争压力越来越大,企业要生存,就必须在各个方面加强管理,并要求企业具有更高的信息化集成,能够对企业的整体资源进行集成管理。现代企业都意识到,企业的竞争是综合实力的竞争,要求企业有更强的资金实力,更快的市场响应速度。企业各部门之间统一规划,协调生产步骤,汇总信息,调配集团内部资源,实现既独立又统一的资源共享管理。A企业为了提高库存周转率,加快资金周转速度,决定开发"库存管理信息系统"。

开发"库存管理信息系统"的目的是建立一个高效、准确、操作方便,具有查询、更新、统计功能的管理信息系统,满足工作人员进行综合查询、模糊查询及数据更新要求,从而更加方便地管理库存物品。

(2)需求调查

需求调查是管理信息系统分析与设计的基础,开发并实施一个完整的管理信息系统,首先要了解用户的需求,形成系统需求说明书。在此基础上进行系统分析、系统设计和程序编码等工作。A企业在需求调查过程中发放了8种不同种类的调查表,要求相关人员对其进行逐条逐项地填写,对现行系统的业务流程进行了详细调查。

①现行系统业务流程

通过大量的调查,当前A企业的业务流程为:各车间向商品供应部门提出某种物料的需求计划,仓库将相应的物料发放给各车间,一般要经过计划、库房管理等流程,其业务流程如图9-1所示。

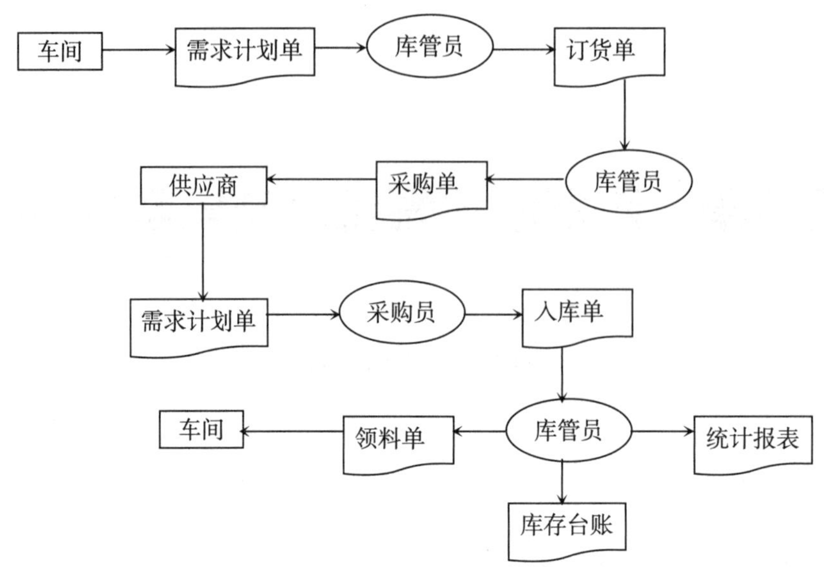

图9-1　业务流程图

②现行系统存在的问题

使用手工管理，账目繁多，库管员、计划员和企业决策者间的信息交流困难，使得物料供应效率低，影响企业生产。月末报表会耗费大量的人力，而且手工处理报表容易造成错误，从而影响数据的效率和准确率，造成不必要的损失。因此，企业必须建立相应的库存管理信息系统，使其能根据市场情况，及时合理地采购所需原料，又能科学地对原材料进行管理，统筹安排人力、物力、财力，有效地改善当前管理的混乱状况。

库存管理是企业管理的重要组成部分，在企业生产经营活动中，库存管理既必须保证生产车间对原材料的需求，又直接影响采购、销售部门的购销活动。为加快企业资金的周转，在保障供给的前提下，最大限度地降低原材料的库存量，节省企业流动资金的占用，直接影响着企业的经营效益。根据对该企业库存管理情况所做的调查，发现该企业在库存管理方面存在着如下问题。

● 不能及时获得库存信息

在企业运行过程中，管理人员必须实时获得各种商品的库存量，在库存数量小于最低库存限度的时候，应向供应商进行订货；在库存数量大于最高库存限度的时候，应停止进货。实际操作中，由于物料种类多、数量大，需要进行仔细地核对，不仅费时，而且容易出错，从而影响企业快速有效地运转。

● 库存信息不够准确

仓库管理员根据入库单、需求计划单和领料单进行商品的入库、出库操作，需要随时修改商品的库存信息和出库、入库信息，以便及时反映库存状况。实际工作中存在的主要问题有：商品种类多、数量大、出库入库操作频繁等，造成库存记录和实际库存量不一致，需要通过盘点来纠正误差，既耽误时间，又增加了工作量。

● 无法及时了解车间对库存商品的需求情况

需求计划单下达后，由于库存商品与车间的关系复杂，送料员依据个人经验给各车间分配所需商品时，缺少入库、出库相关信息，经常出现车间缺少某原料时才知道该原料的需求情况，此时如果库存量不足，将会导致车间停产。车间对库存物料情况不了解会使企业的生产和销售环节发生混乱，使企业无法正常运行。

③库存管理系统的特点

传统企业库存管理存在的问题难以适应现代库存管理要求，所以现代企业库存管理系统需要具有以下的特征。

● 科学的库存管理流程

物料的种类不同，涉及的业务环节及业务流程也各有差异。库存业务包括入库处理、货物保管和出库处理三个主要部分。业务流程是保障高效库存管理的基础，应具备优化、无冗余、并行作业的基本属性。企业库存管理系统对企业的业务流程进行流程再造，使其更加通畅，提高企业在同行业中的竞争力。

● 商品代码化管理

一个好的代码方案对于系统的开发是极为重要的事情。优化的代码设计可以使计算机处理信息变得十分便捷。信息技术与编码技术的结合为商品的高效管理提供了可能，这种编码技术对所有库存商品按照层次和类别赋予唯一的编码。编码是区分不同商品的主要标准，具有易读和易记的特点，管理者只需知道商品的编码，就可以了解该商品的相关信息。

● 库存异常报警

当库存数量小于商品的最低库存限度的时候，系统发出警报，提醒管理人员应向供应商进行订货；在库存数量大于商品的最高库存限度的时候，系统也会发出警报，提醒管理人员应停止商品的进货。企业库存管理信息系统既能防止商品供应滞后于车间对它们的需求，也能防止商品过早地进货，对企业的生产起了保障作用，同时节省了企业的流动资金。

(3)系统分析

系统分析的任务是在全面调查的基础上，通过对现行业务的分析，提出系统的目标要求和功能分析的总体逻辑模型。

①数据流程图

根据系统调查阶段的数据资料，并依据用户的要求，确定该企业管理信息系统的基本功能和工作过程如下：首先车间提出需求计划，库房管理员根据库存情况，决定是否购货，如无须购货则通知车间前来取货，否则库房管理员通知采购员购货，当货物到达后进行入库处理并通知车间前来取货。

根据上述要求，绘制出系统的数据流程，如图9-2所示。

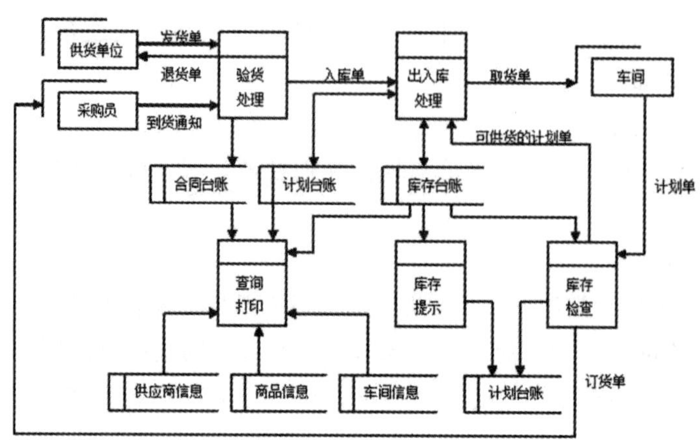

图9-2　数据流程图

②数据字典

数据字典是用来描述数据流程图中的数据项、数据流、数据存储、加工处理逻辑等组成部分的严格定义,下面给出本系统的数据字典示例,由于数据项较多,每类只给出一个例子。

● 数据项的定义

数据项编号:1-01
数据项名称:商品编号
别名:无
简述:某种商品的编号
类型:字符型
长度:8字节
取值范围:数字+英文字母

● 数据流的定义

数据流名称:入库单
编号:F1
简述:采购人员填写的商品入库凭单
数据流来源:采购人员
数据流去向:登记库存台账
数据流组成:日期+入库单编号+商品编号+购入数量
流通量:25份/天
高峰流通量:50份/天

● 数据存储的定义

数据存储的名称:库存台账
数据存储编号:D1
简述:记录商品的编号、名称、单价与库存数量等信息

数据存储组成:商品编号+购入单价+库存数量

关键字:商品编号

● 处理逻辑的定义

处理名:库存检查

编号:P1

输入:数据流F5

输出:数据流F6

描述:车间将计划单发给库管员,库管员依据库存量决定是否进货

(4)系统设计

①功能模块设计

库存管理信息系统的目标是保障企业生产所需物料的供给,通过有效的管理,提高库存周转率,降低资金占用。根据系统分析结果,绘制出系统的功能模块如图9-3所示。

计划管理的主要功能是根据各生产部门上报的生产、维修及用料计划与已有的采购合同计划及库存情况等信息建立数据库,及时根据生产计划的变更,修改商品计划,生成商品采购清单。

库存管理模块中各子模块由数据录入、修改、删除、查询等模块构成。数据录入模块包括对商品库存文件的数据录入、商品购买文件的数据录入、商品出库文件的数据录入;数据修改是对上述三种文件中的数据进行修改;数据删除同数据修改功能基本相同。

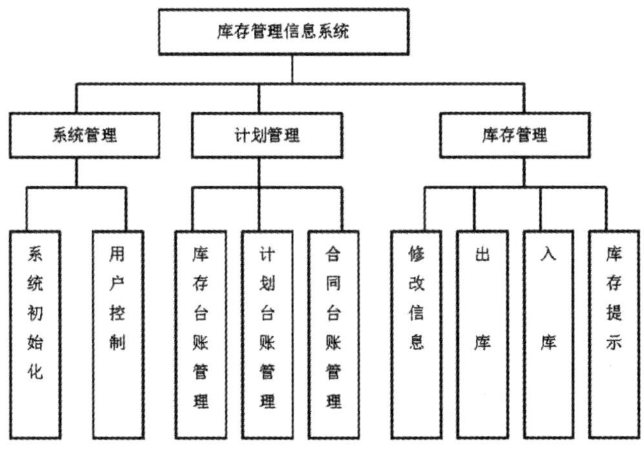

图9-3 功能模块图

②系统开发环境

系统开发的主要软硬件环境如下:

操作系统:Windows7 64bit

数据库:Microsoft SQL Server 2008

开发语言:Visual C#

开发工具:Microsoft Visual Studio 2010

CPU:Intel Core(TM) i7 @2.3 GHz

内存:8 GB
硬盘:500 GB以上

③商品代码设计

为了和手工管理阶段的商品管理方式一致,商品信息编码以数字表示。根据行业标准,所有商品分为19大类,每大类又分为若干小类,在小类中根据商品规格型号的不同以卡号进行区分。商品代码的设计方案如图9-4所示。

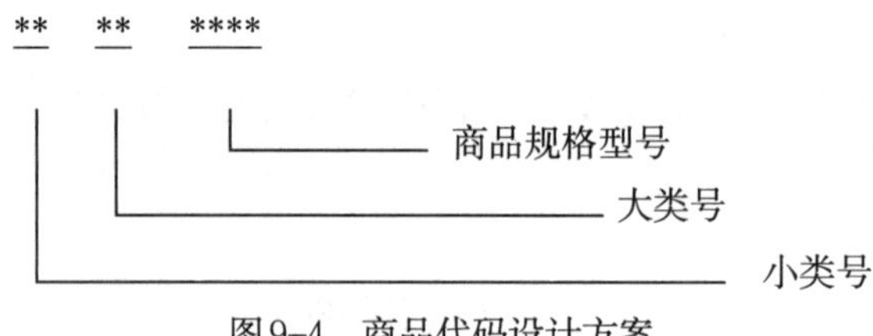

图9-4 商品代码设计方案

④数据库设计

数据库是管理信息系统的核心,数据库设计是建立一个应用程序最重要的步骤之一。数据库设计一般在需求分析和数据分析的基础上进行概念设计、逻辑设计和物理设计。

● 概念设计

对A企业的调查中了解到系统中的实体类型主要有:供应商、商品、领用单位等,实体间的相互关系为:供应商与商品之间存在多对多的供应关系,商品与领用单位之间存在多对多的出库关系。

主要实体的属性是:

供应商:供应商编号,名称,地址,电话,传真,银行帐号;

商 品:商品编号,名称,类别,规格,单价,单位,库存量,存放位置,用途;

车 间:车间编号,名称,联系人,电话;

库存管理系统中的实体间关系如图9-5所示。

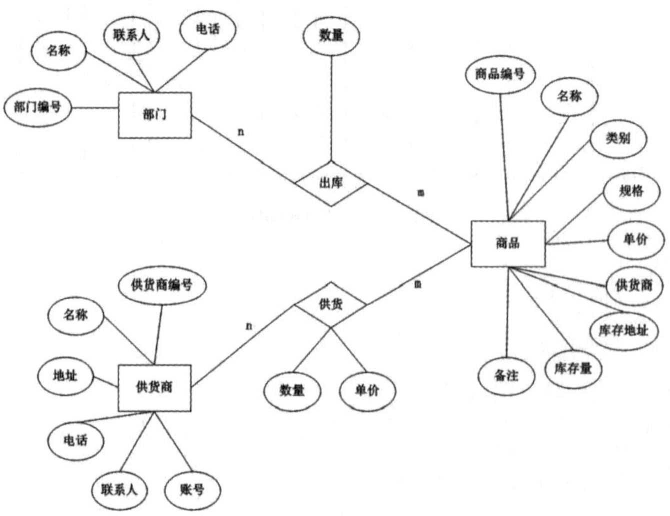

图9-5 库存管理E-R图

● 逻辑设计

逻辑设计的任务是把概念结构转换为相应的逻辑结构。概念设计所得到的E-R模型，是独立于数据库管理系统的，逻辑设计就是把概念结构的E-R图转换成关系模型的逻辑结构。把图9-5中的关系转换为规范的逻辑关系模式。

● 物理设计

物理设计的目的是根据某种具体数据库系统的特征，确定数据库的物理结构。关系数据库的物理设计任务包括两个方面，一是确定所有数据库文件的名称及其所含字段的名称、类型和宽度；二是确定各数据库文件需要建立的索引。库存管理系统所用到的表的结构如表9-1、表9-2、表9-3、表9-4、表9-5、表9-6和表9-7所示。

表9-1 库存台账表

字段名	字段类型	字段宽度	说明
商品编号	Character	8	
购入单价	Numeric	10,2	
库存数量	Numeric	5	

表9-2 合同台账表

字段名	字段类型	字段宽度	说明
合同编号	Character	8	
供应商编号	Character	8	
商品编号	Character	8	
单价	Numeric	10,2	
数量	Numeric	5	
日期	Date	8	
合同状态	Logic	1	
备注	Demo		

表 9-3　计划台账表

字段名	字段类型	字段宽度	说明
计划编号	Character	8	
车间编号	Character	8	
商品编号	Character	8	
数量	Numeric	5	
日期	Date	8	
是否定货	Logic	1	
是否到货	Logic	1	
是否取货	Logic	1	

表 9-4　供应商信息表

字段名	字段类型	字段宽度	说明
供应商编号	Character	8	
名称	Character	40	
地址	Character	50	
电话	Character	20	
传真	Character	20	
银行帐号	Character	20	

表 9-5　商品信息表

字段名	字段类型	字段宽度	说明
商品编号	Character	8	
名称	Character	20	
类别	Character	8	
规格	Character	8	
单价	Numeric	10,2	
单位	Character	8	
存放位置	Character	50	
用途	Demo		

表9-6　车间信息

字段名	字段类型	字段宽度	说明
车间编号	Character	8	
名称	Character	20	
联系人	Character	10	车间的联系人
电话	Character	20	联系人的电话

表9-7　用户信息

字段名	字段类型	字段宽度	说明
用户名	Character	20	用户登录时的名称
密码	Character	20	用户登录时的密码
权限	Character	8	用户的权限

⑤系统处理流程设计

该企业的库存管理信息系统包括：计划管理、库房管理等子系统，系统运行流程如图9-6所示。

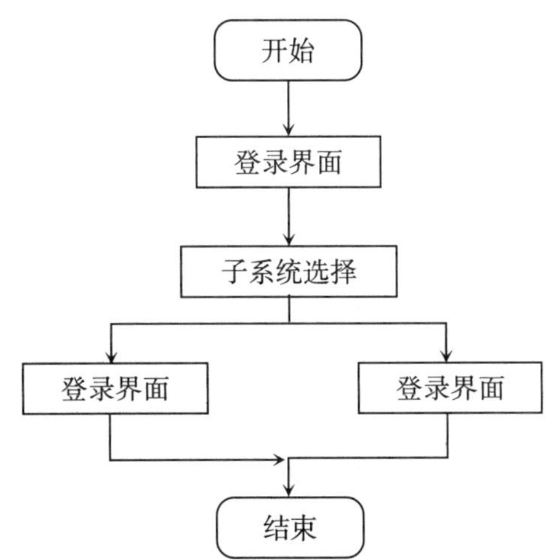

图9-6　库存管理系统流程图

实现系统的代码较长，因为篇幅原因不再赘述。

9.1.2　教材管理信息系统

(1)开发背景

B高校是一所综合性高校，专业课程开设较多，教材种类多且数量大，传统的管理方法存在着效率低，易出错等缺点。师生对教材使用情况了解较少，信息透明度低，与当前高校信息化管理的思想存在着一定的差距。学校已有一套基于C/S的教材管理信息系统，系统主要包括：系统维护、教材订购管理、教材库存管理、教材销售、学生预收款管理、数据统计、查询与分析等功能。但是基于C/S的管理信息系统使用范围小,不能满足管理上的需要。为此学校决定在原有基于C/S的系统基础上,充分利用校园网的优势,采用B/S结构体系,开发基于Web的教材管理信息系统,更好地满足各类人员对教材信息管理的需求。

(2)系统调查

通过对学校教材相关业务的工作进行调查,发现其业务对象主要有三类:学生、教师和教材科,相应的日常业务也可以分为三类,分别是:

①学生业务

学生业务主要是购书资料的查询,预存款的查询,所需教材的查询等。

②教师业务

教师业务主要是查询领书信息,每学期开学,教师根据上学期预定教材记录到教材科领取教材并登记;每学期教师可以预定下学期所用教材。

③教材科业务

教材科业务主要是采购图书,发放教材,对库存图书、学生购书信息和教师领书信息进行管理与统计。

通过对上述业务的分析,画出系统的功能结构,如图9-7所示。

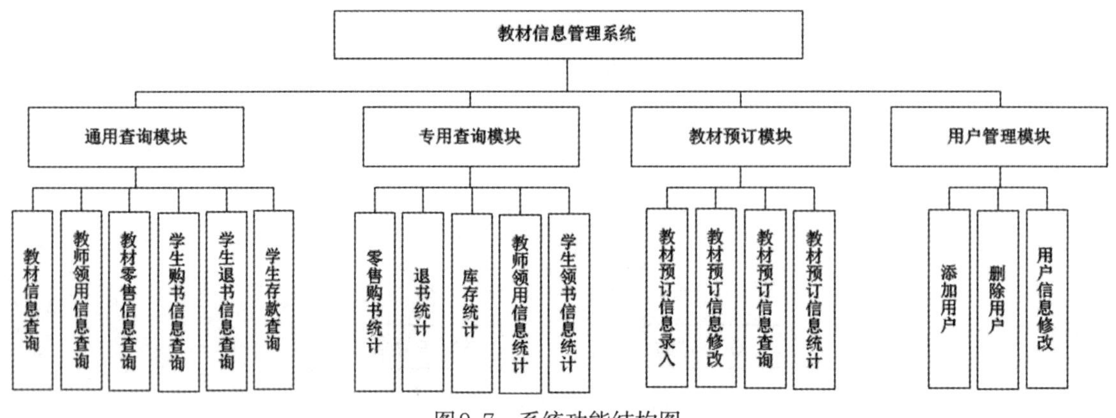

图9-7　系统功能结构图

(3)业务流程分析

①业务分类

通过对上述业务的分析,新建系统的业务可以分为通用查询业务、专用查询业务和网上预定业务三部分。

● 通用查询业务

通用查询业务包括教材基本信息查询业务、学生购书查询业务、学生预存款查询业务、教师领书查询业务、教材零售查询业务等。用户可以使用自己的用户名与密码在任何一台能够上网的电脑上查询相关信息。

● 教材科专用查询业务

专用查询业务是针对教材科的业务,主要功能是帮助教材科对库存中教材的数量进行统计与预测。专用查询业务包括:教材库存统计业务、教材零售统计业务、学生购书统计业务、学生退书统计业务及教师领书情况统计业务。

● 教材预订业务

在预定系统中输入所要预定教材的信息,就可以完成对教材的预定。预定过程业务有:预定教材信息录入、预定教材信息修改、预定教材信息查询和预定教材信息统计等。

②业务流程图

以通用查询业务和网上教材预定业务为例来分析业务流程。

● 通用查询业务

以学生查询业务为例,学生向系统输入用户名与密码进行身份认证,认证成功的学生就可以查询其在教材科的购书、退书及存取款记录,其业务流程如图9-8所示。

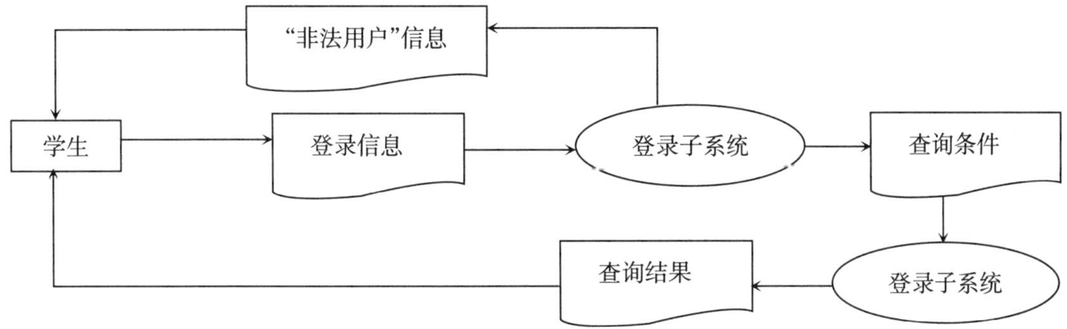

图9-8　学生购书查询业务流程图

● 教材预订业务

教材预订业务流程是教师输入用户名和密码进行身份认证,在教材预订系统中输入下学期需要的教材的基本信息,教师也可以对已输入的教材信息进行查询和修改,业务流程如图9-9所示。

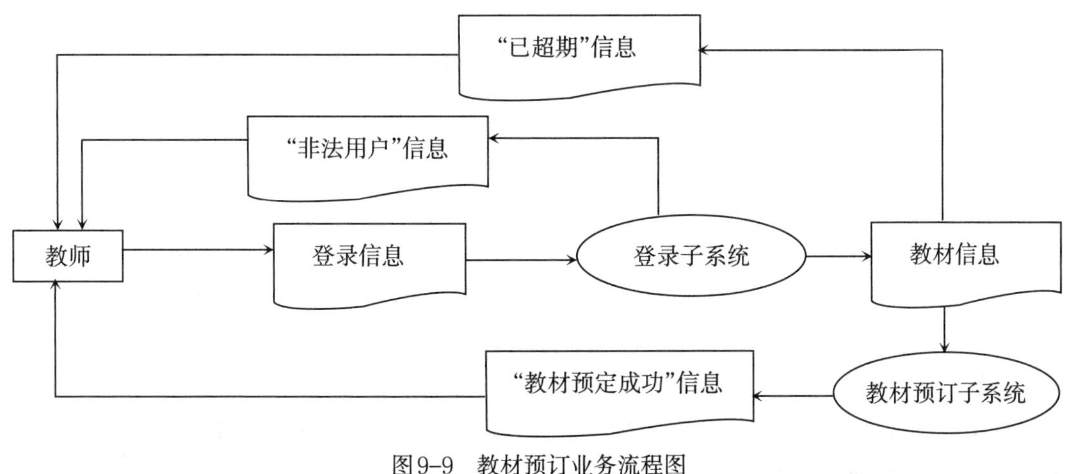

图9-9　教材预订业务流程图

(4)数据流程分析

数据流程分析是在对上述业务流程图进行分析的基础上,从系统的科学性、管理的合理性和实际运行的可行性角度出发，将信息处理的功能和彼此之间的联系自顶向下、逐层分解，在逻辑上精确地描述新系统应具有的功能、数据输入、数据输出、数据存储及数据来源和去向。

①数据流程图

● 学生查询子系统

学生对自己的信息进行查询，应首先进行身份确认，在身份确认后才可查询自己的购书记录、退书记录、存款账户信息以及现有教材的情况，其数据流程如图9-10所示。

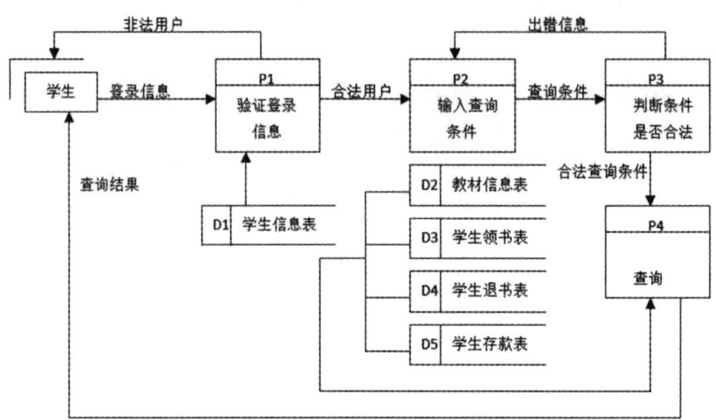

图9-10 学生查询数据流程图

● 教材预订子系统

根据业务流程图对教材预订系统的描述，其数据流程如图9-11所示。

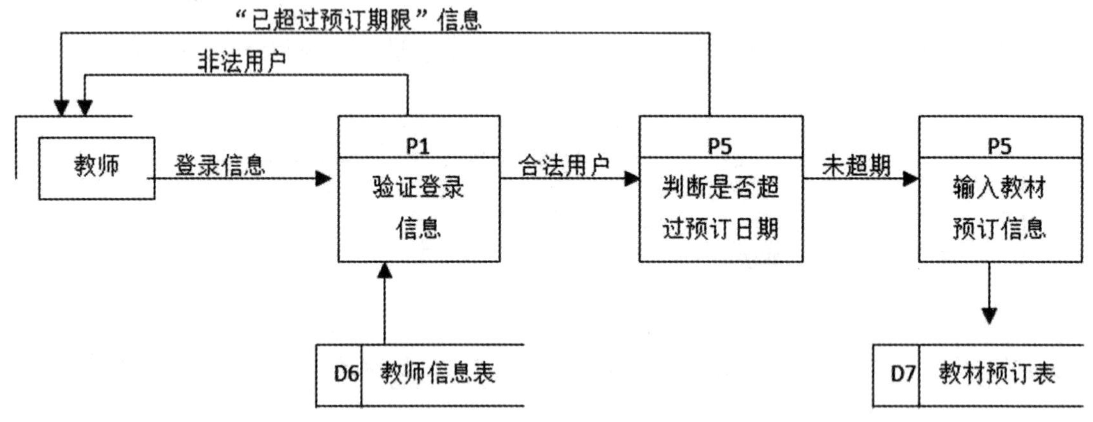

图9-11 教材预订数据流程图

②数据字典

数据字典主要对数据项、数据流、数据存储、处理逻辑和外部实体进行详细说明，系统中数据字典的内容较多，仅举例进行说明。

● 数据项的定义

数据项编号:A01-01
数据项名称:学号
别名:无
简述:学生信息表中某个学生的学号
类型:字符型
长度:10个字节
取值范围:0000000000-9999999999

● 数据结构的定义

数据结构编号:D1
数据结构名称:学生信息表
简述:学生的相关信息
数据结构组成:学号 + 学生姓名 + 用户名 + 密码 + 当前余额

● 数据流的定义

数据流编号:F02-01
数据流名称:登录信息
简述:用户登录系统时需要输入的用户信息
数据流组成:用户名+密码
数据流来源:学生、教师、教材管理人员

● 处理逻辑的定义

处理逻辑编号:P1
处理逻辑名称:验证登录信息
简述:验证用户身份
输入的数据流:登录信息
处理:查询相关表,判断是否为合法用户
输出的数据流:合法用户转到“输入查询条件”“输入教材预订信息”等功能

● 数据存储的定义

数据存储编号:D3
数据存储名称:学生领书表
简述:存放学生在校期间所有的领书记录
数据存储组成:流水号 + 学号 + 教材编码 + 领书日期 + 数量 + 单价 + 业务员
关键字:学号 + 教材编码 + 领书日期

● 外部实体的定义

外部实体编号:S2
外部实体名称:教师

简述:本校所有任课教师
输出的数据流:“非法用户信息”等
输入的数据流:“用户登录信息”等

(5)系统设计

①系统应用环境

● 硬件环境

Web服务器:Sun Ultra Enterprise 450的UNIX服务器;

数据库服务器:HP LH3服务器。

● 软件环境

操作系统:Windows Server 2008;

数据库:SQL Server 2000;

开发平台:Visual Studio 2013。

②代码设计

代码设计是系统设计中非常重要的环节,本系统中有多个代码的设计,以“学号”为例,其设计规则如图9-12所示。

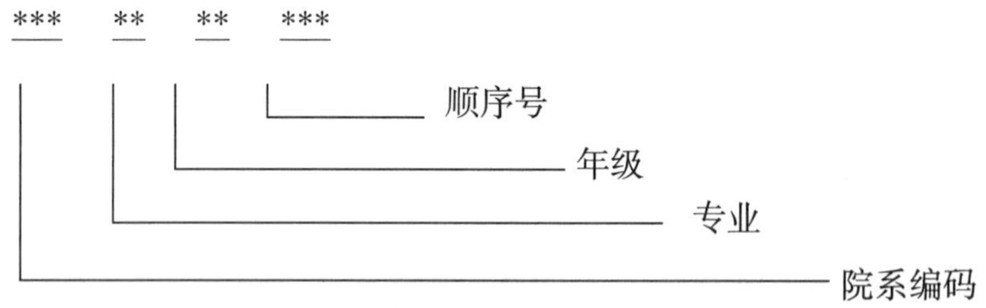

图9-12 代码设计图

③数据库设计

数据库设计包括概念结构设计、逻辑结构设计和物理结构设计。

● 概念结构设计

在系统的数据库设计中,首先要对系统分析得到的数据字典中的数据存储进行分析,分析各数据存储之间的关系,采用E-R图的方法进行数据结构分析。本系统中涉及的实体主要有“学生”“教师”“教材”及“院系”等,各实体及其属性如图9-13所示。

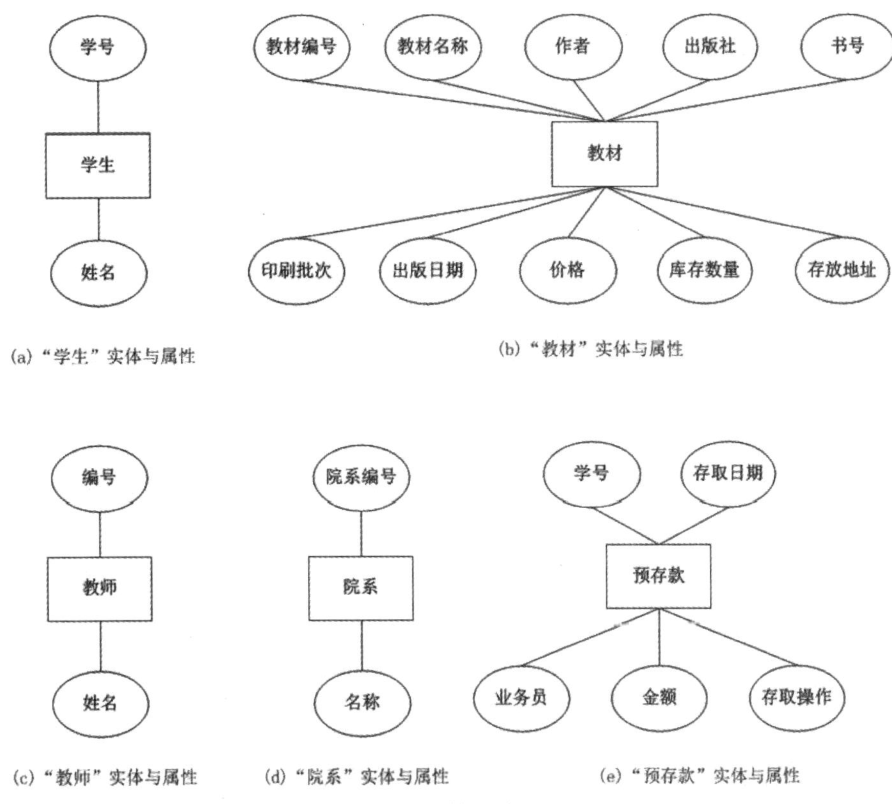

图9-13　实体及其属性图

● 逻辑设计

逻辑设计的任务就是根据管理信息系统的特征，将E-R图描述的概念结构转换为关系模型的逻辑结构，上述E-R图转换成关系模式为：

学生信息表(学号，姓名)

教材信息表(教材编码，教材名称，作者，出版社，版别序号，印刷批次，出版日期，价格，库存量，库存位置)

学生购书表(学号，教材编码，购书日期，数量，单价，业务员)

学生退书表(学号，教材编码，购书日期，退书日期，数量，单价，业务员)

教师信息表(教师编号，姓名，院系编号)

教师领书表(教师编码，教材编码，领书日期，数量，业务员)

教材预订表(课程号，计划日期，院系编码，教师编码，教材名称，作者，出版社，出版日期，价格，需求数量)

预存款信息表(学号，存取日期，存取，金额，业务员)

院系信息表(院系编码，院系名称)

● 物理设计

物理设计的任务主要有两个，一是确定所有数据库文件的名称及其结构，二是确定各个数据库文件是否需要建立索引。本系统部分表结构如表9-8~表9-18所示。

表9-8　教材信息表

字段名	含义	类型	宽度	空值	主键	索引
JCBM	教材编码	Char	6	No	Yes	Yes
JCMC	教材名称	Char	32			Yes
ZZ	作者	Char	12			Yes
CBS	出版社	Char	40			Yes
BBXH	版别序号	Long				
YSPC	印刷批次	Long				
CBRQ	出版日期	Date	8			
XSJG	价格	Dec				
LLKC	理论库存量	Long				
SJKC	实际库存量	Long				
XQSL	需求量	Long				
KCWZ	库存位置	Char	12			

表9-9　学生信息表

字段名	含义	类型	宽度	空值	主键	索引
XH	学号	Char	10	No	Yes	Yes
XSXM	学生姓名	Char	12			Yes
DQYE	当前余额	Dec				
YHM	用户名	Char	16	No	Yes	
KLDM	口令	Char	16	No		

表9-10　学生购书信息表

字段名	含义	类型	宽度	空值	主键	索引
ID	流水号	Long		No	Yes	
XH	学号	Char	10	No		Yes
JCBM	教材编码	Char	6	No		Yes
GSRQ	购书日期	Date	8			
SL	数量	Long				
DJ	单价	Dec				
YWY	业务员	Char	12			

表 9-11　学生退书表

字段名	含义	类型	宽度	空值	主键	索引
ID	流水号	Long		No	Yes	
XH	学号	Char	10	No		Yes
JCBM	教材编码	Char	6	No		Yes
GSRQ	购书日期	Date	8			
SL	数量	Long				
DJ	单价	Dec	9			
YWY	业务员	Char	12			
TSRQ	退书日期	Date	8			
TSYWY	退书业务员	Char	12			

表 9-12　教师信息表

字段名	含义	类型	宽度	空值	主键	索引
JSBH	教师编号	Char	7	No	Yes	Yes
JSXM	教师姓名	Char	12			Yes
YXBM	院系编码	Char	3	No		Yes
YHM	用户名	Char	16	No	Yes	
KLDM	口令	Char	16	No		

表 9-13　教师领书信息表

字段名	含义	类型	宽度	空值	主键	索引
ID	流水号	Long		No	Yes	
JSBH	教师编号	Char	7	No		Yes
JCBM	教材编码	Char	6	No		Yes
LSRQ	领书日期	Date	8			
SL	数量	Long				
DJ	单价	Dec				
YWY	业务员	Char	12			

表 9-14　教材预订表

字段名	含义	类型	宽度	空值	主键	索引
KCBH	课程编号	Char	7	No	Yes	Yes
YXBH	院系编号	Char	3	No		Yes
JSBH	教师编号	Char	7	No		Yes
JCMC	教材名称	Char	32			Yes
ZZ	作者	Char	12			Yes
CBS	出版社	Char	40			Yes
CBRQ	出版日期	Date	8			
BBXH	版别序号	Long				
YSPC	印刷批次	Long				
XSJG	价格	Dec				
XQSL	需求量	Long				

表 9-15　教材计划信息表

字段名	含义	类型	宽度	空值	主键	索引
KCBH	课程编号	Char	7	No	Yes	Yes
JCMC	教材名称	Char	32			Yes
ZZ	作者	Char	12			Yes
CBS	出版社	Char	40			Yes
CBRQ	出版日期	Date	8			
BBXH	版别序号	Long				
YSPC	印刷批次	Long				
XSJG	价格	Dec				
XQSL	需求量	Long				

表 9-16　学生存款信息表

字段名	含义	类型	宽度	空值	主键	索引
ID	流水号	Long		No	Yes	
XH	学号	Char	10	No		Yes
CKRQ	存款日期	Date	8			
CZLX	操作类型	Char	4			
JE	金额	Dec				
YWY	业务员	Char	12			

表9-17 院系编码信息表

字段名	含义	类型	宽度	空值	主键	索引
YXBM	院系编码	Char	3	No	Yes	Yes
YXMC	院系名称	Char	16			

表9-18 课程信息表

字段名	含义	类型	宽度	空值	主键	索引
KCBH	课程编号	Char	7	No	Yes	Yes
KCMC	课程名称	Char	32			Yes

系统的实现代码较长,因为篇幅所限不再赘述。

9.2 实施案例

9.2.1 联想ERP项目实施

1998年11月9日,联想集团ERP项目实施启动会在联想集团总部大会议室召开,标志着ERP项目在联想集团正式启动运行。1998年11月23日,联想集团ERP项目誓师大会在海淀工人俱乐部召开,柳传志、李勤参加了会议,吹响了联想ERP变革管理的号角。1998年11月24日,“联想集团实施ERP新闻发布会及签约仪式”在中国大饭店举行,联想、SAP、德勤三方正式对外宣布联想集团开始实施ERP,把自己放在新闻舆论的面前,表明了联想ERP项目“只能成功,不能失败”的坚定决心。2000年1月5日,联想ERP系统正式上线。2002年1月5日,联想集团ERP系统正常运营两周年。

联想ERP项目的最初动机源于1998年联想集团的京港整合问题。ERP实施前,联想已有管理信息系统已经不能支撑集团日益庞大的数据处理。原有系统的集成性和实时性都落后于新的发展需要。系统慢、经常断网、经常丢数据使得财务的结账工作周期长,时效性和准确性都难以保障。

ERP实施前的1998年,联想香港公司是一个独立运作的部分,惠阳和深圳的公司属香港管辖,其信息系统不由北京的信息管理部门统一管理,不同的信息系统造成整个集团的管理信息系统难以集成。香港平台和北京平台所用的核算指标和管理体系不兼容,京港双方的指标口径不一致,导致集团在做财务预算和编制财务报表时经常出现问题。1999年预算时,集团财务部门得出的数据根本不能通过集团的评审,集团100多人负责财务结算,需要28天的时间才能完成工作,上个月的经营情况要一个月以后才能得到统计数据,致使管理层无法及时做出决策。

此时,联想集团的业务已经遍布全国,甚至跨到了海外,多语言问题,多币制问题都提上日程。缺少共同模式,不能资源共享,无法进行产品或地域的获利能力分析,实施全国性、集成性和及时性的管理信息系统势在必行。

20世纪90年代初期，麦肯锡进入中国，一直对中国市场进行教育与培养。麦肯锡不厌其烦地拜访中国公司，传授什么是现代管理，什么是科学管理。

联想最终决定改进ERP，必然选择中掺杂了偶然因素。必然选择ERP的原因是联想不堪重负的管理信息系统现状，竞争的压力以及联想的蓝图。在看不清前景的情况下，企业的决策者不会轻易改革，说服决策者最后决策的事件往往都带有偶然性。促成联想总裁柳传志最后拍板的偶然因素是麦肯锡。

联想1998年11月9日正式签署ERP合同之前，联想首先接触的咨询公司不是德勤而是麦肯锡。在柳传志作决策前，麦肯锡的顾问曾来到联想，从战略的高度与企业老总探讨了世界500强的发展，认为联想要想进军世界500强必须应用先进的管理思想和管理工具。麦肯锡论述问题的角度和风格非常符合柳传志的思想，这种高屋建瓴的讨论是其他咨询公司望尘莫及的。在麦肯锡的启蒙教育下，柳传志下定决心，并希望请麦肯锡来做ERP项目的咨询顾问，但麦肯锡不能接受这种项目委托，麦肯锡的主要任务在于指路。所以联想最终的ERP顾问不是麦肯锡而是德勤。

柳传志的最终决策离不开麦肯锡的咨询，从这个角度讲，麦肯锡为后来的联想ERP项目成功启动培育了客户。同时，麦肯锡的参与也为后来项目的艰苦卓绝埋下了伏笔。在麦肯锡的战略指引下，德勤和SAP无法控制客户的期望值，致使联想、SAP和德勤三方经历了14个月的奋战，期间克服无数困难后取得了最终的成绩。

1997年8月到1998年4月，联想开始接触SAP、Oracle、Baan和SSA，拉开了ERP调研、选型和评估的序幕。当时，中国的ERP市场已经在SAP和Oracle的视野之内，联想这样的标杆企业实在是积累国内ERP成功经验的良好机会和开端。SAP和Oracle非常积极，表示了极大的合作愿望。经过反复论证，联想最终选择与SAP合作，并选用R/3系统。

1998年4月到1998年11月，联想ERP项目经历了漫长的决策过程。这期间，联想的决策者出国考察了许多大公司，他们发现世界500强的公司里有60%已经用了SAP或其他品牌的ERP系统。李勤带领联想IT部员工到HP学习，请HP总裁为联想介绍HP的运作流程和信息化建设经验。竞争使联想不得不上ERP，但投资收益的模糊给决策带来了很大的困难。

为了增加联想对ERP项目的信心，1998年5月，德勤和SAP组成的顾问组为联想作了为期三周的调研，初步界定了系统的范围、计划与风险、收益等。但调研的结论依旧没有说服柳传志最终决定签约。ERP项目风险极大，在巨大的资金成本和失败风险的压力下，模糊的收益使企业一把手难以决策。ERP项目的成本利益分析是非常困难的，这里涉及管理和人的问题，不可量化。除了显性的投入产出之外，信息技术会带来许多隐性的变革。

1998年11月9日，联想ERP项目正式启动，联想接下来唯一的选择就是义无反顾地进行ERP工作的实施。

经过谨慎的选型、评估和决策，SAP正式进入联想ERP项目。在联想ERP项目中，SAP倡导了TEAM SAP的概念，即由软件供应厂商、咨询顾问公司共同为客户完成系统实施服务，这正是国外企业实施ERP等信息系统时采用的合作方式。SAP认为自己不可能独立完成这样一个宏大的ERP项目，于是将德勤引进联想ERP项目，SAP认为引进德勤的理由有二：首先，德勤在业务流程重组方面有深厚的经验，而这并不是SAP的核心能力；其次，德勤拥有很好的ERP实施方法论——Fast Track项目实施方法。但SAP和德勤的顾问组合并未减少随项目进展而陆续出现的风险。

德勤公司于1995年对100多个行业的首席信息官进行调查，调查结果表明阻碍ERP项目成功的因素归结为十大风险——对变革的抵抗、领导支持不足、变革原因不清、不实际的期待、项目管理不强、项目队伍技能不足、范围失去控制、缺乏变革管理策划、没有以流程为本以及信息技术无法整合。联想ERP项目遇到的第一个风险是“不实际的期待”，这也是联想ERP项目举步维艰的原因之一。德勤和SAP项目组为联想定下三个目标：

- 实施集成的信息系统；
- 业务流程重组；
- 引进国外先进的经营管理理念，把联想培养成为国际化的公司，进军世界500强。

这三个目标是实施集成的信息系统必须达到的要求。实践证明，通过ERP项目联想的信息系统已经达到了集成化。要达到BPR的目标，首先要求项目参与者对EPR理论有深刻的理解和认识，其次要求项目参与者对中国特有的企业管理、业务流程和企业文化有非常精准的理解和把握。而实际情况是：SAP和德勤的顾问都无法两者兼而有之，SAP强项在于技术，并不具备雄厚的业务基础和业务流程再造经验；德勤的顾问能够对信息系统的部分作优化和调整，但无力从集团整体上把握。对联想而言，流程重组的动作太大，其自身并未做好准备，所以第二个目标只达到了对流程的梳理和规范，尚未达到重组的目标。第三个目标实现的可能性很小，从当时来讲，各方面条件都不充分，所以未达到第三个目标是正常情况。不可避免地，联想ERP项目也充满了矛盾，集中表现在沟通障碍、文化冲突和合同纠纷。

在中国，存在一种“咨询悖论”，不少国际性的顾问公司基于运营成本等方面的考虑在使用外国顾问方面心有顾虑，即使有项目经验的外国咨询顾问也面临着不了解中国国情，存在文化观念、思维模式以及语言等方面的障碍等问题。与此同时，有本国企业管理经验的人员则很难具备作为咨询顾问所要求的沟通能力、理论功底、方法论以及深厚的行业与业务经验等咨询素质。1998年联想集团决定上ERP项目时，国内还没有真正成功实施过这种ERP项目的咨询顾问，中国顾问没有项目经验，对业务领域的实践经验也不足。德勤和SAP这样的优秀国际企业也不可避免出现这样的咨询悖论。

1998年11月底，德勤为联想作了最后一次调研讲解。讲解员由德勤第一任ERP项目组的项目经理担任，此人具备系统实施的深厚经验和IT行业背景，但讲解中运用了大量专业的技术术语。沟通的障碍从一开始就表现得极为激烈。由于不同公司的定位不同，各家公司都是各自的优势和各自的缺陷。SAP公司人员技术上很强，对产品熟知，但对业务环节不甚了解；德勤的顾问具备管理和业务流程的知识和经验，但对系统不是很了解；联想所具备的是把5%的希望变成100%的现实的决心和热情。ERP项目成功要求三方精诚合作。而合作面临的第一难题就是沟通，很多SAP的顾问是技术出身，很难沟通；联想的项目组成员也是从不同的部门抽调过来的，这些人员之间也存在沟通问题，但联想项目组成员并没有被困难吓倒，他们坚信沟通无极限，ERP需要及时有效的沟通，只有及时和真诚的沟通才能解决问题。

联想、德勤和SAP三家公司的企业文化有比较大的差异。不同的文化背景导致三方的价值判断大相径庭。缺乏中国本土的文化背景使顾问对许多事情无法理解。1998年，联想集团实行的是事业部制，事业部制的组织结构适合联想企业规模扩张和多元化经营的需要，有利于提高劳动生产率和企业经济效益。为了激励事业部的总经理，联想实行的事业部制是模拟法人制，事业部有资金的概念，会计核算方法不是国际上通行的核算方法。这种制度是联想取得竞争优势的一招好棋，机制灵活。但系统不能很好地实现这种模拟法人制，国际化的SAP R/3系统很简单，要么是事业部，要么是法人。为了解决这个问题，SAP从总部请来一位资深咨询顾问。ERP项目组成员为之翻译了大量的资料文档，解释联想为什么要实行模拟法人制度，可是这位资深顾问依旧不能理解。

联想ERP项目磕磕绊绊，经历了SAP和德勤在付款条件上的分歧而导致的第一次危机。付款分歧使德勤认为无法将项目进行下去，遂于1998年12月31日通知取消原定于1999年1月4日在上海进行的Fast Track实施方法培训。致使项目受到很大影响，原定方案无法进行。

直到1月25日，德勤公司代表与SAP公司相关人员来到联想就合同问题进行商谈。在此之前，联想项目经理曾就此事与对方多次电话联系，但由于种种原因致使商务谈判一拖再拖。

联想ERP举步维艰，在项目被迫停滞的痛苦时期，联想对项目进行了深刻的总结，认为三方都有不可推卸的责任：SAP没有及时解决合同问题、在发生危机时未及时与联想沟通；德勤公司部分人员采取极端做法，有失职业的风范；联想缺乏经验，三方没有建立起信任的团队工作方式。因此，项目必须在内外两方面都进行改变：对外，积极与德勤、SAP公司联系，为确保项目成功在付款方式上做出重大让步，与高层建立必要的信任与联系机制，签订补充协议，增强约束；对内，寻找合适的项目推动与管理人选，全面改组项目组，加大业务部门的参与。

经过努力，项目于1999年3月恢复。4月初，确定由时任联想电脑公司副总经理的王晓岩担任项目总监，投入50%以上的时间，并由集团业务发展部参与，增加对项目的推进力度。与此同时，为增加业务部门的投入，由业务部门关键用户代表出任功能小组组长，并为每一个小组配备了有一定协调组织能力的项目助理；与高层召开多次会议，呼吁高层投入。最后确定，ERP成败最直接的责任在业务部门身上。1999年5月中旬，ERP项目终于又走上正轨，把ERP进行到底是联想、德勤和SAP的唯一的选择。

企业成功实施ERP的标准是什么？业界认为衡量ERP成功实施的标准是"把企业所有的资源，通过ERP系统紧密地结合起来，以达到资源利用的协调；通过整合使业务各环节资源的利用效率得到提高。"按照这个标准我们可以认为联想的ERP项目是成功的，因为通过ERP，联想整合了业务各环节的资源并提高了效率。

数据表明，联想ERP系统正常运营后，联想客户的平均交货时间从11天缩短到5.7天，应收账周转天数从23天降到15天，人均日处理订单量从13件增加到314件，集团结账天数从30天降低到6天，平均打款时间由11.7天缩减到10.4天，订单周期由75小时缩减到58小时，结账天数由

20天降到1天,财务报表从30天缩至12天。企业运作成本降低,企业利润大幅增长。但ERP的功能绝不仅仅在此,更重要的是,ERP是一场管理的革命。

通过ERP项目,联想培养了一批国内领先的IT管理人才,他们是联想ERP项目的附属产品,但却是联想决战信息时代和服务经济的希望。联想ERP项目的功效已经超越了工作效率的提高,它带动了联想由"产品"向"服务"的战略转型。虽然有一些经历过联想ERP项目的人员离开了联想,但他们却没有离开ERP项目的实施。亲身经历联想ERP项目积累的经验和教训将是更多中国企业实施ERP时的一笔宝贵财富。

信息化的过程就是体制与观念变革的过程。联想在进行ERP的过程中,体会到首先要学习和领悟先进的管理思想。先理解思想,再开发使用系统软件。信息化不是开发软件,更重要的是管理思想的解放、管理制度的创新以及业务流程的重组,开发软件只是其中一部分工作。

联想的ERP项目为表明:ERP项目的成败并不取决于技术、资金、系统、应用软件和软件实施,而主要取决于企业自身主体意识以及与专业化咨询公司的合作方式和合作精神。

在企业自主意识方面联想为后来者树立了榜样,国内企业要想成功实施ERP,必须得到企业高层强有力的支持。如果企业高层不能清醒认识实施ERP的目的和风险,就不会注入足够的资源参与到项目中,不会投入足够的精力参与项目的各种重大决策。而且,高层领导的支持和重视不能停留在意识上,而是要落实到具体的行动中,通过自己的行动让整个企业的各级领导和员工也认识到项目的重要性,从而积极参与。事实上,将ERP项目视为单纯的信息系统建设项目而不给与足够重视,通常是ERP实施失败的最直接原因之一。

在与专业化咨询公司的合作方式和合作精神上,联想ERP项目值得我们深思和学习。咨询公司是厂商和用户之间的桥梁,在引导企业重组、规划以及处理项目中不可预测问题方面有重要的价值。ERP项目的顺利进展离不开与咨询公司的合作,而合作最重要的是保证沟通充分、顺畅和及时,只有这样才能提高处理问题和决策的效率。

总之,ERP对企业整合资源、提高效率具有重要的意义。但ERP的实施同时伴随着巨大的风险,不能急于求成。

9.2.2 大宝ERP实施案例

北京大宝化妆品有限公司是我国专业生产化妆品的大型国有企业。大宝集团现有职工1210名,集团公司拥有1个新产品开发研究所、7个生产车间、18条生产流水线,1个美容保健品公司、1个美容学校、1个广告公司、1个商业批发公司,是一个集科研、生产、贸易于一体的现代化企业。

"大宝"牌天然植物系列化妆品,有护肤、护发、彩妆、香水和特殊疗效共5个系列100多个品种。"大宝"产品的性能体现了中国天然植物养颜美容的特点,具有浓厚的民族特色。"大宝"牌化妆品不仅畅销中国市场,而且还出口到美国、俄罗斯、日本等多个国家和地区。

随着人民生活水平的日益提高,国内化妆品市场呈现快速发展的势头,市场的竞争也日趋激烈。全国生产化妆品的知名厂商数百个,都努力保持和提高自己的市场份额;国外化妆品的厂商则凭借雄厚的资金实力、品牌优势以及先进的技术和经营管理经验,收购中国企业,实行产品的本地化，拼命扩充自己在中国市场上地盘。

如何提升企业核心竞争能力成为大宝集团要解决的首要问题，原有的管理信息系统已经成为公司发展的桎梏。从1987年开始实行计算机单机管理，到1989年，大宝集团的信息化工作已基本普及到质量、人事、财务、生产等环节，初步实现了计算机辅助企业管理。但由于受当时技术条件和管理水平的局限，造成各管理系统相对独立、开发环境和应用平台差异大、信息代码没有统一标准、应用水平参差不齐，各子系统形成信息“孤岛”，难以实现企业内部的信息共享，限制了企业的发展。

集团业务的高速增长也迫使大宝加快管理信息系统的改造步伐。在企业内部，由于业务发展迅猛，企业出现产、供、销脱节现象，特别是流动资金占用越来越大，主要原因是库存、生产周期长、不能及时交货，尤其是对异地销售分公司的产品库存及资金不能有效控制。在企业外部，市场变化快，企业所需的部分原材料也出现了供应不足或不稳定的情况。为保持和扩大大宝在国内化妆品市场的领先地位，公司决定实施ERP。大宝在ERP软件的选型上，经历了不少的波折。大宝最初的定位是国外ERP产品，认为国外产品成熟，功能强大，管理流程规范。大宝选择了一家国外知名的ERP厂商的产品，并选择了国内的某厂商作为ERP软件的实施方。经过将近一年时间的项目实施，外国ERP产品的弊端日益显露出来，国外企业的管理模式与中国企业管理现状的差距，软件客户化的不到位使项目实施工作进退两难。最后大宝决定放弃使用该软件。

在第二次ERP选型时，大宝认真总结教训，由分管集团信息化建设的副总经理和集团信息中心主任为首，成立了专门的软件选型小组。对国内ERP厂商的产品、技术力量、服务水平、实施成功案例进行了多方面的调研。经过对国内外数家ERP软件提供商的考察和比较，最终选择了和佳ERP。和佳ERP是国家863 / CIMS主题专家组和中国软件行业协会力推的国产优秀软件产品。和佳ERP产品相对成熟，功能完善，涉及企业全方位管理要求(人、财、物、产、供、销、预测、决策、领导查询等)；产品技术上采用C/S与B/S结合方式，既有先进性，又保证了系统的安全性和稳定性；产品支持多种关系型数据库管理系统和工作流管理模式。更重要的是和佳公司可根据用户需要做二次开发，能适应企业未来发展需要。

大宝ERP实施按照“突破重点、逐步展开、先易后难、分步实施”原则，把系统建设划分为三个阶段。

第一阶段：以强化企业的市场竞争力为重点，实现以集团财务、销售、物资供应为核心的ERP系统的基本框架，并通过远程网络系统对大宝在全国各地的销售网络进行有效管理。通过对公司内部物流、资金流、信息流统一综合控制，进一步强化企业内部的管理，合理配置企业内部资源，降低经营成本。

第二阶段：以降低生产成本为重点，在公司内部的主要生产厂全面实施ERP的生产管理系统和成本控制系统。通过对生产过程严密控制，降低物料消耗和制造成本，挖掘生产潜力，提高生产效率，使整个企业的管理水平跃上一个新台阶。

第三阶段：以全面提高企业管理素质为目标，实现客户关系管理、供应链管理与ERP系统的集成，形成企业面向网络环境的管理信息化应用平台。

大宝ERP项目从2001年5月开始实施，在一年多的时间内，大宝先后实施了系统控制、采购管理、库存管理、销售业务管理、固定资产管理、财务核算管理、应收账款管理、应付账款管理和领导决策查询等子系统。2002年5月，项目第一期工程通过验收。

为确保ERP项目顺利实施，大宝公司成立了以企业主要领导、管理咨询专家和技术专家为首的三级项目实施组织体系，即ERP领导小组、ERP项目组和ERP各子系统实施组。

ERP领导小组由公司总经理、生产副总经理、企业主要管理专家和技术专家组成。负责对ERP系统的各项开发、目标实施、组织项目投资等工作做出决策；根据实施进度，组织有关部门做好实施的各种准备工作；对公司内部业务流程重组方案作决策，并组织落实；对系统开发过程进行监督、控制。

ERP项目组由系统主管领导、有关部门负责人、和佳公司项目实施部负责人组成，负责研究系统总体结构，制定项目实施总体规划和分步实施计划；制定系统开发的程序和工作标准，协调各开发组进行执行；研究制定系统数据库的建设方案和系统集成方案；协调各部门工作进程，解决开发过程中可能出现的问题。

ERP项目各子系统实施组由和佳公司管理咨询部、项目实施部结合大宝公司计算机管理中心及有关部门的业务骨干组成，按开发工作的分工，分别进行各子系统的实施及二次开发工作。

实施过程中大宝公司紧紧围绕“强化企业的市场竞争力”为目标，立足于企业实际，坚持管理工作的创新，用ERP先进的管理思想和方法规范企业的业务流程，建立以市场为导向、以客户为中心，实现物流、资金流和信息流一体化管理的企业运行新机制。

大宝ERP一期工程实施一年来，公司经营能力和管理水平显著提高。虽然ERP的效能在短期内不能够全面表现出来，但大多数子系统的应用(如采购、财务、销售、库存等)在降低管理费用，提高劳动生产效率、提高资金利用效率和利润率等方面取得了一定的成效。

ERP实施后，公司在2001年实现销售收入7.8亿元人民币，实现利税3.5亿元人民币，向国家上缴税金1.5亿元,完成年计划的102%，比上年增长0.42%。工业总产值完成年计划的106%，比上年增长了4.84%。设备完好率达到98%，主机开机率达到95%，生产运行平稳、高效。

企业推行ERP是一项长远的带有战略意义的系统工程，这项工作不是一蹴而就的。企业应该从自身发展的需求出发，制定一个长远的总体规划。ERP项目是一个高投入、实施周期长、投资回收期长的巨大的工程。如果项目全面铺开，齐头并进，投资太大、风险太大，而且实施力量也不够，容易出问题。所以要充分分析企业自身的优势和差距，找准实施ERP的切入点，从企业最关键的几个管理子系统入手，争取在短时期取得效果，增强企业管理人员对ERP的信心。企业要不断积累经验，培养和锻炼项目的实施队伍，然后逐步展开，分不同阶段完成整个ERP系统。

ERP系统是一个严密的管理系统，它的数据处理的准确、及时、可靠是以各业务环节的数据完整和准确为基础的。ERP系统中的数据是共享的，是面向整个系统的，数据的完整性非常重要。特别是系统中一些公用的基础数据，如产品数据、客户数据等，系统的大多数业务处理都依赖它们，对系统是至关重要的。如果这些基础数据残缺不全或不规范，系统的运行将非常困难。

ERP项目的培训工作对于项目实施的成败也至关重要。ERP培训分为企业领导、企业项目实施人员和企业普通员工三个层次。最关键的是前两层次的培训，企业领导的培训内容主要是宣讲ERP系统的基本原理和概念，使企业高层领导对ERP有一个宏观上的认识；项目实施人员的培训主要是讲解ERP的原理和软件的实现方法，原理要讲透，方法要讲清，特别要抓住ERP信息集成的特点，把业务流程理顺。

9.2.3 物流公司信息系统的应用

C物流有限公司是某集团物流有限公司所属的八大区域物流公司之一。公司注册资金5000万元人民币，管理着东北地区将近20家子公司、分公司、办事处和近百个配送网点。其业务涵盖物流策划与咨询、企业整体物流管理、海运、空运、码头、集装箱场站、铁路班列运输、集卡运输、仓储配送等。

公司建有现代化的集装箱场站和码头，通过集团发达的国际、国内集装箱航线，可将货物运抵国内任意指定港口和国际各主要港口；拥有集装箱冷藏班列；组建了实力强大的集卡车队和配送车队，拥有配备GPS系统的集卡拖车200多辆和50辆配送车，构成了纵贯东北的陆上运输体系，可将货物运往东北任意指定地点。

公司在大连港建有10万平方米的现代化物流配送仓库，采用以条码技术为核心的信息管理系统，配有国际先进的物流仓储设备。并以大连为中心，按照统一标准在各主要城市建有二、三级配送中心，形成了辐射东北三省的梯次仓储配送格局；公司的冷藏仓库，成为新鲜瓜果蔬菜存储、加工、包装、分拨和配送中心。

公司具有多年的物流服务经验，吸纳了国内一流的物流人才，拥有完备的物流硬件设备，具有较强的物流策划与实施能力。公司恪守“使客户满意，使客户的客户也满意”的服务宗旨，提供“安全、优质、便利、快捷”的整体优化服务。主要客户有海尔集团、青岛啤酒集团、海信电器、TCL集团等多家上市公司。

公司的物流信息系统以Intranet/Extranet/Internet为运行平台，以客户为中心、以提高物流效率为目的，集物流作业管理、物流行政管理、物流决策管理于一体的大型综合物流管理信息系统，由电子商务系统、物流企业管理软件、物流作业管理系统和客户服务系统组成，可以实现网上数据的实时查询和网上下单，对企业的财务、人事、办公等进行管理，对数据进行统计、分析、处理，为企业提供决策支持和条码技术集成。通过GPS/GSM技术、GIS技术等物流技术进行物流作业、管理、决策的信息化及为客户提供优质的服务。

公司物流信息系统主要由物流业务管理系统、物流企业管理系统、物流电子商务系统和客户服务系统四大模块构成。物流业务管理系统由仓储管理系统、配送管理系统、运输管理系统、贷款管理系统、报关管理系统、采购管理系统、结算管理系统、合同管理系统、客户关系管理系统和数据交换系统等子系统构成；物流企业管理系统由商务管理系统、财务管理系统、统计管理系统、行政管理系统、决策支持系统等子系统组成；而物流电子商务系统可以实现实时查询、清单录入、网上下单、信息反馈、网上报价、网上交易、网上联盟、数据交换、信息外包、项目招标等多种服务功能；客户服务系统实现流程查询、在库查询、在途查询、定制查询、账单下载、实时跟踪、定制信息、咨询服务等客户服务功能。

公司物流信息系统的特点主要体现在以下几个方面：

①全过程的物流信息采集和处理

系统实现了全球采购、运输、仓储、配送、包装、流通加工、装卸搬运、转运、报关、报检、分拣、结算等全过程的信息采集、储存、处理、统计和查询，使信息流达到物流作业和管理的每个环节。

②生产物料配送的零库存管理

系统支持零库存生产企业的JIT(即时)和ECS(高效)物料配送作业，同时满足多供应商对单一生产厂家和多供应商对多生产厂家的配送模式。

③数字化仓库的智能化管理

系统实现了仓库的数字化、条码化和局部智能化管理。

④基于GPS/GIS技术的车辆调度管理

系统对不同类型的车辆实行统一管理和调度，利用GPS/GIS/GSM技术实现最佳线路管理。

⑤基于WEB方式的客户服务

系统建立在Intranet/Extranet的网络拓扑结构下，实现内网和外网的各自独立运作而又以Internet连接，通过Internet可以为全球客户提供实时在线查询、下单和结算。

⑥基于EDI方式的海关通关管理

系统自动生成符合国际EAFACT标准的EDI单证，可以和深圳海关、商检的EDI系统直接连接，实现联网通关和报检。

⑦国际结算管理体系

系统支持物流作业的即时清算，当一单作业完成之后，产生的费用结算单提交到财务结算，并通过信息渠道告知客户，按照约定的结算规则完成国际和国内结算。

⑧良好的移植性

系统遵循J2EE规范建立，将JAVA、HTML、XML、TCP/IP、数据仓库等计算机技术和条码、GPS/GSM、GIS、RF、动态规划等物流技术有机结合，实现了系统的跨平台运行和广泛适用性。

(6)系统实施的作用

通过实施基于Internet/Intranet的物流信息系统，该物流公司可以高效率、低成本地提供综合物流服务、销售增值服务、采购增值服务、信息系统增值服务等各种服务。

参考文献

[1]黄梯云.管理信息系统导论[M].北京:机械工业出版社,1985.

[2]薛华成.管理信息系统(第6版)[M].北京:清华大学出版社,2015.

[3]王玉珍.管理信息系统理论与实践[M].北京:清华大学出版社,2014.

[4]李全喜,刘伟江.企业信息化与管理[M].北京:机械工业出版社,2005.

[5]唐时俊,等.现代企业信息化管理综合实训教程[M].北京:清华大学出版社,2017.

[6]汪泓.管理信息系统理论与实践[M].北京:清华大学出版社,2011.

[7]吴联仁.酒店管理信息系统——理论、实践与前沿[M].北京:旅游教育出版社,2017.

[8]陈恭和.管理信息系统——理论与实践[M].北京:高等教育出版社,2008.

[9]张士玉.信息管理与信息系统专业导论教程(第2版)[M].北京:清华大学出版社,2017.

[10]周鸿,刘丙午.管理信息系统——IT管理导向的理论与实践[M].北京:冶金工业出版社,2013.

[11]董德民,等.管理信息系统实验指导[M].北京:中国水利水电出版社,2007.

[12]牟绍波,等.管理信息系统上机指导与实践教程[M].成都:西南交通大学出版社,2012.

[13]胡凯,等.管理信息系统设计实践教程[M].西安:西安电子科技大学出版社,2017.

[14]陈平,等.管理信息系统实践教程[M].南京:东南大学出版社,2015.

[15]王晓静,王廷梅.管理信息系统项目开发实用教程(Visual FoxPro版)[M].北京:清华大学出版社,2012.

[16]杨晓丽.Access 2016从入门到精通[M].北京:中国铁道出版社,2016.

[17]刘玉红,李园.Access 2016数据库应用与开发[M].北京:清华大学出版社,2017.